中华优秀传统文化读本

适用于一、二年级

第一册

杨亿力 郭丹 编注

学校：______________________

班级：______________________

姓名：______________________

海峡出版发行集团 THE STRAITS PUBLISHING & DISTRIBUTING GROUP | 福建人民出版社 FUJIAN PEOPLE'S PUBLISHING HOUSE

图书在版编目（CIP）数据

中华优秀传统文化读本．第一册/杨亿力，郭丹编注．--福州：福建人民出版社，2018.12（2019.1 重印）

ISBN 978-7-211-07994-0

Ⅰ.①中… Ⅱ.①杨… ②郭… Ⅲ.①中华文化一小学一课外读物 Ⅳ.①G624.203

中国版本图书馆 CIP 数据核字（2018）第 228144 号

中华优秀传统文化读本（第一册）

ZHONGHUA YOUXIU CHUANTONG WENHUA DUBEN（DIYI CE）

作　　者：杨亿力　郭　丹
责任编辑：何水儿
出版发行：福建人民出版社　　**电　　话**：0591-87533169(发行部)
地　　址：福州市东水路 76 号　　**邮　　编**：350001
网　　址：http://www.fjpph.com　　**电子邮箱**：fjpph7211@126.com
经　　销：福建新华发行（集团）有限责任公司
印　　刷：福州德安彩色印刷有限公司
地　　址：福州市金山工业区浦上 B 区 42 幢
开　　本：787 毫米×1092 毫米　1/16
印　　张：8.75
字　　数：96 千字
版　　次：2018 年 12 月第 1 版　　2019 年 1 月第 2 次印刷
书　　号：ISBN 978-7-211-07994-0
定　　价：25.00 元

序

郭　丹

中华民族的历史源远流长，中华传统文化灿烂辉煌。中华传统文化经典灿若繁星、浩如沙海，其精华是培育民族精神和时代精神的文化基础。古代经典保留了中华民族的“根”与“魂”，而了解、学习中华传统文化，把握和传承中华民族的“根”与“魂”，应该从孩提时代开始。著名学者童庆炳教授曾说：“孩子十五岁之前，应该大量阅读、背诵古文经典，增加积累，其次要从中学做人的道理，最终目的就是传承优秀文化的基因。”让孩子从小阅读古代经典诗文，就是让我们的民族精神代代传承。

古代经典诗文凝聚了众多古代杰出人物的灵感、智慧和品格，凝聚了他们的情感，也凝聚了他们的抱负和修养。阅读古代诗文，就好像和古代杰出人物对话，了解他们，熟悉他们，从中汲取营养，培养自己的情操和品德，照亮自己的精神世界。孩子们从小熟读古代诗文，可以塑造出傲立人间的风骨，成为一个大写的人！所以，学习古代诗文，就是学做人。古代诗文中优美的语言，还培养人们的审美情操和文学修养，丰富人们的生活情趣。多读书，多背诵，才能出口成章，出口成诗，培养出一个人高雅的气质，也为以后的写作打下基础。一个人的修为，就在于他肚子里的诗书文章。

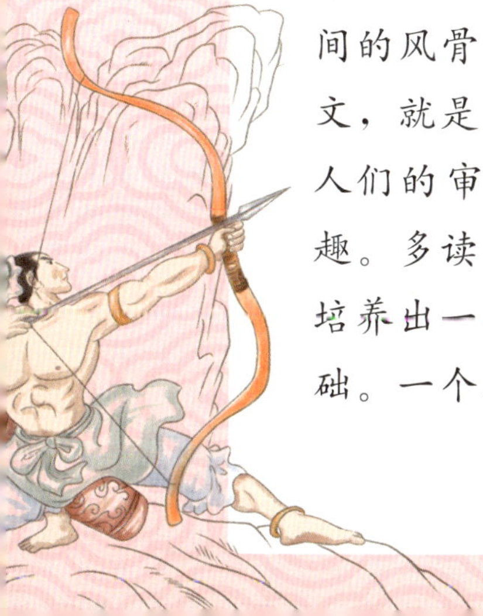

所谓“腹有诗书气自华”，就是这个道理。

学习古代诗文应循序渐进，由浅入深。这套《中华优秀传统文化读本》，针对小学一年级到初中三年级的学生编写。从最基础的“天、地、人”开始，进而天文地理，花草树木，礼仪习俗，立德修身，以至家国情怀，引导着小读者进入古代经典诗文的殿堂。所选的诗文，都是古代脍炙人口的名篇。其间又加上美丽的插图，配以注解和诗意讲解、故事传说，图文并茂，引人入胜。读古代诗文，要多记诵，特别是记住那些名篇。经典名篇能够记诵得越多越好。还可以高声诵读，要读出声——读出诗歌的声韵美，要读出意——读出诗歌的情趣美，由此领略经典诗文特别是诗词的美声与美意。同时，在理解诗文的基础上还要加上自己的想象。书中生动的插图，能启发你引导你，让你张开想象的翅膀。在读本中，同一个专题，编选了不同作者的作品，读者可以在比较阅读中掌握诗文的特点。这些方法，希望对孩子们有所帮助。

目录
CONTENTS

第一单元　天地日月

第二单元　母亲河

第三单元　大山边塞

第四单元　四季节日

第五单元　花草树木

第六单元 飞禽走兽

第一单元

天地日月

第一节　天地

一　看图识字

我们国家的汉字是世界上最古老的文字之一。目前已知的最早汉字是甲骨文。它出现在3000多年以前。很多甲骨文就是从图画演变而来的。比如说“人”最早就是一个人侧面的样子：

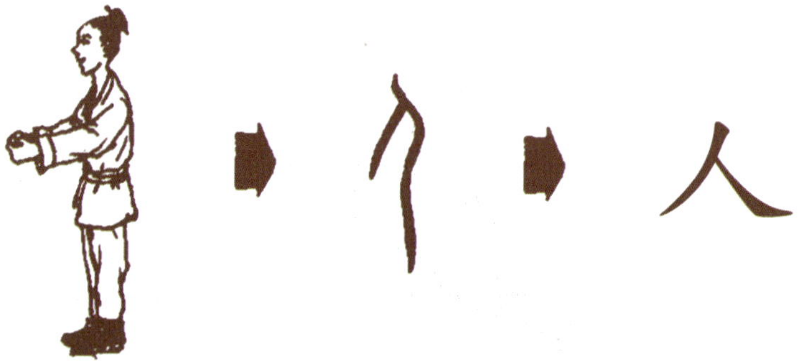

正面的人张开手脚，就是“大”：

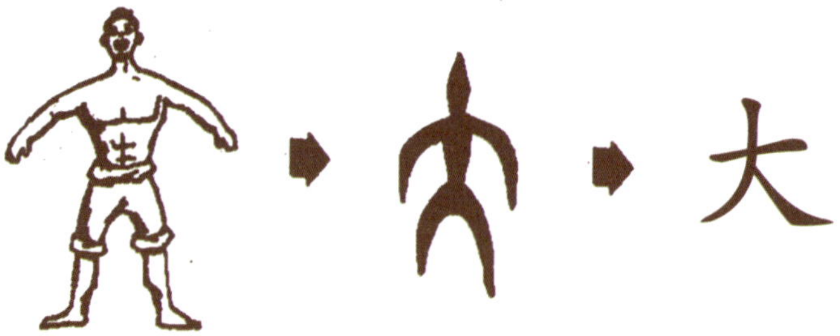

“人”和“天”还有关系：

其实，“天”最早指人的头。有一种中药叫“正天丸”，就是治疗人的头痛的。后来，这个字变成了天空的意思。所以，在古人看来，天和人的关系非常密切，于是有了“天人合一”的思想。

二　古典诗词

chì lè gē
敕勒歌

běi cháo yì míng
（北朝）佚名

chì lè chuān yīn shān xià
敕勒川①，阴山②下，
tiān sì qióng lú lǒng gài sì yě
天似穹庐③，笼盖四野④。
tiān cāng cāng yě máng máng
天苍苍⑤，野茫茫⑥，
fēng chuī cǎo dī xiàn niú yáng
风吹草低见牛羊⑦。

题解

敕勒是古代居住在北方（今山西、内蒙古一带）的一个游牧民族。《敕勒歌》是这个民族普遍传唱的一首歌曲。

注释

①敕勒川：敕勒部族居住的地方。川：平原。
②阴山：阴山山脉横亘在今内蒙古自治区中部及河北省北部。
③穹庐：游牧民族所居的圆顶帐篷，与如今的蒙古包同。
④笼盖：笼罩。四野：草原的四面八方。
⑤苍苍：青色。天苍苍：天蓝蓝的。
⑥茫茫：辽阔无边的样子。
⑦见：同“现”，显露。

诗意

辽阔的敕勒大平原就在阴山脚下。天空像个巨大的帐篷，笼盖着整个原野。蔚蓝的天空一望无际，碧绿的原野茫茫不尽。一阵风吹过，牧草低伏，露出一群群正在吃草的牛羊。

dēng yōu zhōu tái gē

登幽州台歌

táng chén zǐ áng

（唐）陈子昂

qián bù jiàn gǔ rén　hòu bù jiàn lái zhě
前不见古人①，后不见来者②。

niàn tiān dì zhī yōu yōu　dú chuàng rán ér tì xià
念天地之悠悠③，独怆然而涕下④。

题解

陈子昂，字伯玉。唐代诗人，初唐诗文革新人物之一。也有学者认为《登幽州台歌》非陈子昂所作。

幽州就是现在的北京。幽州台也称黄金台，是战国时期燕昭王为招揽天下贤士而建的。陈子昂的这首《登幽州台歌》所要抒发的就是他自己怀才不遇的感叹。

注释

①前：过去。古人：古代那些能够礼贤下士的明君。

②后：未来。来者：后世那些重视人才的贤明君主。

③念：想到。悠悠：形容时间的久远和空间的广大，无穷无尽的样子。

④怆然：悲伤凄恻的样子。涕：古时指眼泪。

诗意

向前看不见古之贤君，向后望不见后世明主。一想到天地无穷无尽，我便感到无限的凄凉，忍不住独自落泪。

yè sù shān sì

夜宿山寺

táng lǐ bái

（唐）李 白

wēi lóu gāo bǎi chǐ shǒu kě zhāi xīng chén

危楼①高百尺，手可摘星辰②。

bù gǎn gāo shēng yǔ kǒng jīng tiān shàng rén

不敢高声语③，恐惊④天上人。

题解

李白，字太白，号青莲居士，又号“谪仙人”。唐代伟大的浪漫主义诗人，被后人誉为“诗仙”。与杜甫并称为“李杜”。

这首《夜宿山寺》所写的是李白住在山中寺庙高楼上的感受。

注释

①危楼：高楼。危：高。

②星辰：天上星星的统称。

③语：说话。

④恐：唯恐，害怕。惊：惊动。

诗意

山上寺院的高楼真高啊，好像有一百尺的样子，人在楼上好像一伸手就可以摘下天上的星星。站在这里，我不敢大声说话，唯恐（害怕）惊动天上的神仙。

gǔ yì

古 意

táng mèng jiāo

（唐）孟 郊

hé biān zhī nǚ xīng hé pàn qiān niú láng

河边织女星，河畔[1]牵牛郎[2]。

wèi dé dù qīng qiǎn xiāng duì yáo xiāng wàng

未得渡清浅[3]，相对遥相望。

题解

孟郊，字东野，唐代著名诗人，有“诗囚”之称，又与贾岛齐名，人称“郊寒岛瘦”。

这首《古意》写的是牛郎织女的故事。

注释

①河畔：河边。

②牵牛郎：牵牛星。

③清浅：清澈而浅的河，这里指代天河。

诗意

织女星在天河的这边，牵牛星在天河的那边。他们不能渡过银河，只能隔着河相互遥望。

làng táo shā qí yī

浪淘沙·其一

táng liú yǔ xī

（唐）刘禹锡

jiǔ qǔ huáng hé wàn lǐ shā làng táo fēng bǒ zì tiān yá

九曲黄河万里沙，浪淘风簸自天涯。

rú jīn zhí shàng yín hé qù tóng dào qiān niú zhī nǚ jiā

如今直上银河①去，同到牵牛织女家。

题解

刘禹锡，字梦得，唐代著名诗人，有“诗豪”之称，与柳宗元并称“刘柳”。《浪淘沙》是由九首诗组成的组诗。本诗是其中的第一首。

注 释

①直上银河：古代传说黄河与天上的银河相通。

诗 意

万里黄河弯弯曲曲挟带着泥沙，波涛滚滚如飓风掀簸来自天涯。现在我要沿着黄河径直到银河，去寻访牛郎织女的家。

zhōu yè shū suǒ jiàn
舟夜书所见

qīng zhā shèn xíng
（清）查慎行

yuè hēi jiàn yú dēng gū guāng yī diǎn yíng
月黑见渔灯，孤光①一点萤。
wēi wēi fēng cù làng sàn zuò mǎn hé xīng
微微风簇②浪，散作满河星。

题解

查慎行，字悔余，号他山，清代著名诗人。

这首诗写的是诗人夜间在船上所见到的情景。

注释

①孤光：孤零零的灯光。

②簇：拥起。

诗意

漆黑之夜不见月亮，只能看见那渔船上的灯光，孤零零地在茫茫的夜色中，像萤火虫一样发出一点微光。微风阵阵，河水泛起层层波浪，渔灯的微光在水面上散开，河面好像撒落无数的星星。

三 神话传说

开天辟地

很久以前，天和地还没有分开，宇宙像是一个鸡蛋一样，混沌一片。有个叫盘古的巨人，就在这混沌之中熟睡了十万八千年。

有一天，盘古突然醒了。他发现周围一片漆黑，什么也看不见，于是就抡起大斧头，朝眼前的黑暗用力地劈过去。只听一声“轰隆”巨响，混沌一片的世界渐渐分开了。一部分轻薄而清亮的东西，缓缓上升，变成了天；另一部分厚重而浑浊的东西，慢慢下降，变成了地。

天和地分开以后，盘古怕它们会再一次合在一起，就用自己的头顶着天，用脚使劲蹬着地。天每天升高一丈，地每天下沉一丈，盘古也随着越长越高。这样不知过了多少年，天和地逐渐成形了，盘古也累得倒了下去。

盘古倒下后，他的身体发生了巨大的变化。他呼出的气息，变成了风和云；他发出的声音，化作了雷声。他的双眼，变成了太阳和月亮；他的四肢，变成了大地上的东、西、南、北四极；他的肌肤，变成了辽阔的大地；他的血液，变成了奔流不息的江河；他的汗毛，变成了茂盛的花草树木；他的汗水，变成了滋润万物的雨露。

盘古，用他的整个身体创造了美丽的宇宙。

女娲补天

传说远古的时候，水神共工和火神祝融打起仗来。他们从天上一直打到地下，闹得四处不宁。结果祝融打胜了，但共工不服，一怒之下，把头撞向不周山。不周山裂了，支撑天地的大柱子断了。天倒下了半边，出现了一个巨大的窟窿，地也陷出一道道大裂纹。山林烧起了大火，洪水从地底下喷涌出来。

女娲看到人们的苦难，感到无比痛心，决心补天来拯救百姓。她选用了五种颜色的石子，架起火将它们熔化成浆，用这种石浆将残缺的天窟窿填好，随后又斩下一只大龟的四脚，当作四根柱子把倒塌的半边天支起来。最后为了让洪水不再漫流，女娲还收集了大量芦草，把它们烧成灰，填埋向四处铺开的洪流。

经过努力，苍天总算补上了，地填平了，水止住了，人们又重新过上了安乐的生活。但是这场特大的灾祸毕竟留下了痕

迹。因为天还是有些向西北倾斜，太阳、月亮和众星辰都很自然地归向西方。又因为地向东南倾斜，所以一切江河都往那里汇流。

牛郎织女

中国古代有牛郎织女的神话传说。传说天河的东边住着天帝的女儿织女。她一直忙着在织布机上劳作，自己都没有空闲打扮容貌。天帝可怜她独自生活，准许她嫁给天河西边的牵牛郎。可是，织女出嫁后便荒废了纺织的工作。天帝大怒，责令她回到天河东边，并且只许他们在每年入秋的第七天见一次面。这一天，会有无数的喜鹊飞到天河之上组成一座桥梁，牛郎织女就在这鹊桥上相会。

第二节　日月

一　看图识字

天上有太阳，有月亮，有云，还会下雨。古人常把太阳叫作“日”，这个字最早就是一幅图画：

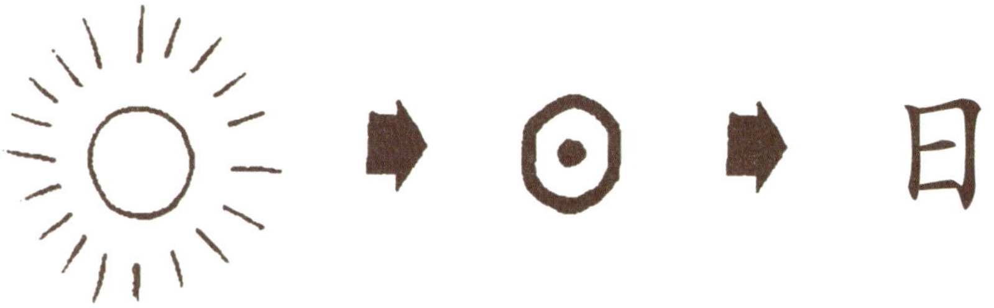

“月”最早是一幅月牙的图画：

“云”也是画出来的：

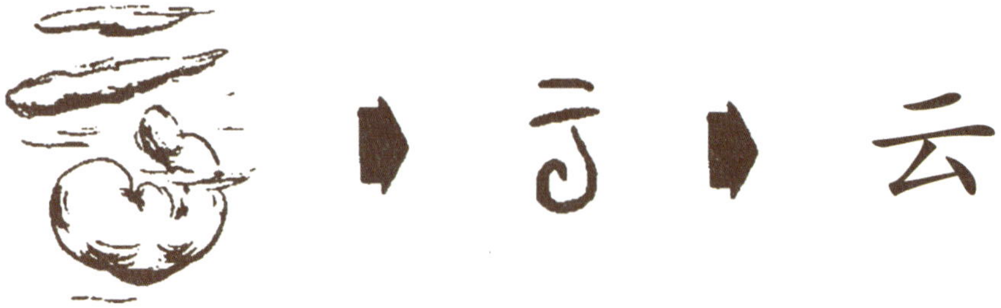

“雨”也是画出来的：

这些由图画变化来的文字，就叫作“象形字”。

二　古典诗词

jìng yè sī
静夜思
táng lǐ bái
（唐）李　白

chuáng qián míng yuè guāng
床前明月光，
yí shì dì shàng shuāng
疑①是地上霜。
jǔ tóu wàng míng yuè
举头②望明月，
dī tóu sī gù xiāng
低头思故乡。

题解

《静夜思》所写的是诗人在安静的夜晚所产生的思乡情绪。

注 释

①疑：好像。

②举头：抬头。

诗 意

宁静的夜晚，明亮的月光洒在窗户纸上，朦胧中好像是地上泛起了一层秋霜。我禁不住抬起头来，看那天窗外空中的一轮明月，随即又不由得低头沉思，想起远方的家乡。

é méi shān yuè gē

峨眉山月歌

táng lǐ bái

（唐）李 白

é méi shān yuè bàn lún qiū yǐng rù píng qiāng jiāng shuǐ liú

峨眉山月半轮秋①，影②入平羌③江水流。

yè fā qīng xī xiàng sān xiá sī jūn bù jiàn xià yú zhōu

夜发④清溪⑤向三峡，思君不见下渝州⑥。

题 解

这是李白离开家乡时创作的一首诗，诗中描写了诗人在舟中所见的夜景，表达了他对家乡山水的依恋。

注 释

①半轮秋：秋夜的上弦月形似半个车轮。

②影：月亮的影子。

③平羌：即青衣江，在峨眉山东北，源出于四川芦山，流经乐山汇入岷江。

④发：出发。

⑤清溪：清溪驿，在峨眉山附近。
⑥渝州：唐代州名，即今重庆市。

诗意

高峻的峨眉山前，悬挂着半轮秋月。流动的平羌江上，倒映着晶亮的月影。夜间乘船出发，离开清溪直奔三峡。想你却难相见，恋恋不舍去向渝州。

fù xīn yuè

赋新月

táng miào shì zǐ
（唐）缪氏子

chū yuè rú gōng wèi shàng xián fēn míng guà zài bì xiāo biān
初月如弓未上弦①，分明挂在碧霄②边。
shí rén mò dào é méi xiǎo sān wǔ tuán yuán zhào mǎn tiān
时人莫道③蛾眉④小，三五团圆⑤照满天。

题解

赋，即描写；新月，是形状如钩的月亮，即初月。诗人在诗中以月亮自比，表达了必然会建功立业的强大自信，以及经邦济世的远大志向。

注释

①未上弦：指还没有到半圆的新月。
②碧霄：蓝天。
③莫道：不要说。
④蛾眉：本形容美人细长而弯曲的眉毛，这里指新月，意为月亮弯如蛾眉。
⑤三五：即十五，古人常用乘法来表示一个数字。团圆：十五晚上的月亮。

诗意

新月如弯弓还没有到半圆，却分明在天边斜挂着。不要小看它只像弯弯的眉毛，等到十五夜，它会团圆完满，光照天下。

féng xuě sù fú róng shān zhǔ rén

逢雪宿芙蓉山主人

táng liú zhǎng qīng

（唐）刘长卿

rì mù cāng shān yuǎn tiān hán bái wū pín

日暮①苍山②远，天寒白屋③贫。

chái mén wén quǎn fèi fēng xuě yè guī rén

柴门闻犬吠，风雪夜归人④。

题解

刘长卿，字文房，唐代著名诗人。

这首诗通过雪夜借宿山村的情形，巧妙地写出山村景象与农家生活。

注释

①日暮：太阳即将落山的时候。

②苍山：青山。

③白屋：简陋的茅草房。

④归人：从外回家的人。

诗意

苍茫的暮色中，青山显得更加遥远，寒冷的空气里，茅草房显得更加破旧。风雪夜里，柴门外忽然传来声声犬吠，那是这家的主人回来了。

dēng lè yóu yuán

登乐游原

táng lǐ shāng yǐn

（唐）李商隐

xiàng wǎn yì bù shì qū chē dēng gǔ yuán

向晚①意不适②，驱车登古原③。

xī yáng wú xiàn hǎo zhǐ shì jìn huáng hūn

夕阳无限好，只是近④黄昏。

题解

李商隐，字义山，号玉谿生，唐代著名诗人。他与杜牧合称“小李杜”。

乐游原是唐代都城长安的一处高地，登上此处可望见整座城市。这首诗赞美了黄昏前乐游原上的美丽风景，抒发了诗人内心惆怅的感受。

注释

①向晚：傍晚。

②不适：不悦，不快。

③古原：指乐游原。

④近：快要。

诗意

傍晚时诗人的心情不是很舒畅，于是驾着车登上了乐游原排遣烦恼。黄昏中夕阳是如此的美好，只可惜它就要落山了。

bó chuán guā zhōu

泊船瓜洲

sòng wáng ān shí

（宋）王安石

jīng kǒu guā zhōu yī shuǐ jiān zhōng shān zhǐ gé shù chóng shān

京口①瓜洲一水间②，钟山③只隔数重山。

chūn fēng yòu lǜ jiāng nán àn míng yuè hé shí zhào wǒ huán

春风又绿④江南岸，明月何时照我还⑤。

题解

王安石，字介甫，号半山，北宋著名政治家、文学家、改革家。

《泊船瓜洲》写于诗人乘船返回金陵（今南京）的途中。其中的“春风又绿江南岸，明月何时照我还”一直为人所传诵。这两句中的“绿”字将无形的春风化为鲜明的形象，极其传神。瓜洲在长江北岸，属于扬州地界。泊船，即停船。

注释

①京口：古城名，故址在江苏镇江市。

②一水间：一水相隔之间。一水：长江。

③钟山：今南京市紫金山。

④绿：吹绿，拂绿。

⑤还：回。

诗意

奔流的长江分开了京口和瓜洲，钟山就隐没在岸边的几层山峦的后面。暖和的春风又吹绿了江南的田野，但明月什么时候才能照亮我回家的路呢?

三 神话传说

后羿射日

远古的时候，天空突然出现了十个太阳。它们就像十个巨大的火球，一起烧烤着大地。河流干涸了，鱼儿们全死了。田野里着火了，庄稼都烧焦了。森林也着火了，果树也烧光了。很多人和动物不是被渴死，就是被饿死、烧死。有个叫后羿的神箭手，看到人们生活在苦难中，心中十分不忍，便发誓要拯救他们。于是，他爬过了无数座高山，迈过了无数条干枯的大河，终于来到太阳升起的地方。他拉开弓，搭上箭，瞄准天上的太阳，嗖地一箭射去，第一个太阳被射落了。然后他一箭接一箭地射向太阳，一口气射掉了九个太阳。最后剩下的那个太阳怕极了，连忙求饶。后羿命令它说："我可以不把你射下来，但是你要老老实实地工作，每天准时从东方升起，从西方落下，为大地和万物贡献光和热。”从此，这个太阳每天东升西落，整个世间又恢复了正常，人们又开始了安居乐业的幸福生活。

嫦娥奔月

后羿射落了九个太阳之后，回到家乡。人们都很感激他。有一个老人送给他一包神药，告诉他说：“这神药吃了以后可以飞上天宫，成为长生不老的神仙。”后羿很高兴，就把神药交给妻子嫦娥，让她藏起来。可是，后羿有个叫逢蒙的徒弟，一心想偷吃神药。这一年的八月十五，他趁后羿出门打猎，闯进后羿的家，想偷走神药。为了不让逢蒙得逞，嫦娥便把神药吞到了肚子里。于是，她立刻身轻如燕，飘出窗口，最后飘到了月亮上。后羿得知消息后，马上去追嫦娥，可是怎么也追不上。后羿回家后十分伤心，于是在每年八月十五这天摆下宴席，遥望嫦娥。这一天的月亮也变得格外圆、格外亮。后来，人们便把这一天称为中秋节。

第二单元

母亲河

第一节　长江

一　看图识字

上古时期的很多汉字是从图画变化而来的。这样的字除了“人”“日”“月”“雨”外，还有“水”。最早的“水”，描画的是流水的波纹：

这幅图后来还变成“川”字：

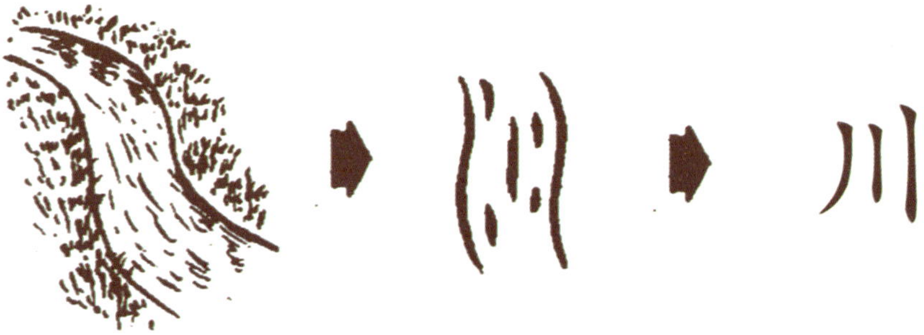

所以，“川”也有江、河的意思。

二 古典诗词

jiāng nán
江 南

hàn yuè fǔ
汉乐府

jiāng nán kě cǎi lián
江南可采莲，
lián yè hé tián tián
莲叶何田田，
yú xì lián yè jiān
鱼戏莲叶间。
yú xì lián yè dōng
鱼戏莲叶东，
yú xì lián yè xī
鱼戏莲叶西，
yú xì lián yè nán
鱼戏莲叶南，
yú xì lián yè běi
鱼戏莲叶北。

题解

诗歌描绘了江南采莲的热闹欢乐场面。从穿来穿去、欣然戏乐的游鱼中，我们似乎也听到了采莲人的欢笑。在不同的时代，江南的含义略有变化。一般而言，它指称的是长江中下游地区。乐府在汉代有采集民间歌谣的职能。后人将乐府搜集的歌谣称为乐府诗。

诗意

正是江南采摘莲蓬的季节，莲叶是多么的劲秀挺拔。鱼儿在莲叶之间嬉戏，一会儿嬉戏在莲叶东面，一会儿嬉戏在莲叶西面，一会儿嬉戏在莲叶南面，一会儿嬉戏在莲叶北面。

fēngqiáo yè bó

枫桥夜泊

táng zhāng jì

（唐）张　继

yuè luò wū tí shuāng mǎn tiān jiāng fēng yú huǒ duì chóu mián

月落乌啼①霜满天②，江枫③渔火④对愁眠⑤。

gū sū chéng wài hán shān sì yè bàn zhōng shēng dào kè chuán

姑苏⑥城外寒山寺⑦，夜半钟声⑧到客船。

题解

张继，字懿孙，唐代诗人。

这是一首描写羁（jī）旅情思的名作。诗人通过对枫桥秋夜江边景色的描绘，抒发了旅途中的愁思和寂寞。枫桥，在今江苏省苏州市阊（chāng）门外。夜泊，夜间把船停靠在岸边。

注释

①乌啼：乌鸦鸣叫。

②霜满天：天气很冷。

③江枫：江边的枫树。

④渔火：渔船上的灯火。

⑤对愁眠：指江枫和渔火伴着愁绪而眠。这里运用了拟人的手法。

⑥姑苏：苏州的别称。

⑦寒山寺：在苏州附近的一座寺庙。

⑧钟声：唐代寺庙有半夜敲钟的习惯，也叫“无常钟”或“分夜钟”。

诗　意

月亮已落下，忽然听到乌鸦的几声啼叫，抬头仰望天空，秋霜满天，我对着江边枫树和渔火忧愁而眠。半夜里，姑苏城外那寂寞清静的寒山古寺的敲钟声音传到了船上。

qíng jiāng qiū wàng

晴江秋望

táng　cuī jì qīng

（唐）崔季卿

bā yuè cháng jiāng wàn lǐ qíng　qiān fān yī dào　dài fēng qīng

八月长江万里晴，千帆一道①带风轻。

jìn rì bù fēn tiān shuǐ sè　dòng tíng nán shì yuè yáng chéng

尽日不分天水色，洞庭南是岳阳城。

题解

长江是中华民族的母亲河。这首诗写的是诗人在初秋的一个晴天眺望长江之后的感受。诗中描写了长江的磅礴气势，表达了诗人对长江由衷的赞美。

注释

①一道：一起。

诗意

八月的晴空下，长江水万里奔流。众多帆船在强劲的江风中顺风而行。远远望去，水天一色。那洞庭湖的南边应该就是岳阳城吧！

sù jiàn dé jiāng

宿建德江

táng　mèng hào rán

（唐）孟浩然

yí zhōu bó yān zhǔ　rì mù kè chóu xīn

移舟泊[1]烟渚[2]，日暮客[3]愁[4]新。

yě kuàng tiān dī shù　jiāng qīng yuè jìn rén

野[5]旷[6]天低树[7]，江清月近人[8]。

题解

孟浩然，名浩，字浩然，号孟山人，盛唐著名诗人。他与王维一起被视为盛唐山水田园诗的代表诗人。

《宿建德江》是一首刻画秋江暮色的诗，是唐人五绝中的写景名篇。建德江在今天的浙江省。

注释

①泊：停船靠岸。
②烟渚：江中雾气缭绕的小沙洲。
③客：指作者自己。
④愁：乡愁。
⑤野：原野。
⑥旷：空阔远大。
⑦天低树：夜幕低垂，天空似乎和树相连。
⑧月近人：倒映在水中的月亮好像离自己越来越近。

诗意

小船停靠在烟雾迷蒙的小洲，日暮时分我思乡的愁绪又涌上心头。原野空旷无边，夜幕低垂似乎就披在树上，江水清清，水中的明月离我越来越近。

mù jiāng yín
暮江吟

táng bái jū yì
（唐）白居易

yī dào cán yáng pū shuǐ zhōng bàn jiāng sè sè bàn jiāng hóng
一道残阳①铺水中，半江瑟瑟②半江红。
kě lián jiǔ yuè chū sān yè lù sì zhēn zhū yuè sì gōng
可怜③九月初三夜，露似真珠④月似弓⑤。

题解

白居易，字乐天，号香山居士，又号醉吟先生，唐代伟大的现实主义诗人，唐代三大诗人（李白、杜甫、白居易）之一。

《暮江吟》所写的是诗人黄昏时在江边所见到的美丽景色，表达了对大自然的热爱之情。吟，古代诗歌的一种形式。

注释

①残阳：即将落山的太阳。此处也可理解为晚霞。

②瑟瑟：碧绿色。

③可怜：可爱。

④真珠：即珍珠。

⑤月似弓：农历九月初三是上弦月，其状弯如弓。

诗意

残阳的霞光铺在江水上，使得一半江水碧绿而另一半的江水艳红。九月初三之夜是如此的可爱，露水如珍珠，月儿似弯弓。

bǔ suàn zǐ　wǒ zhù cháng jiāng tóu

卜算子·我住长江头

sòng　lǐ zhī yí

（宋）李之仪

wǒ zhù cháng jiāng tóu　jūn zhù cháng jiāng wěi

我住长江头，君住长江尾，

rì rì sī jūn bù jiàn jūn　gòng yǐn cháng jiāng shuǐ

日日思君不见君，共饮长江水。

cǐ shuǐ jǐ shí xiū　cǐ hèn hé shí yǐ

此水几时休①，此恨何时已②。

zhǐ yuàn jūn xīn sì wǒ xīn　dìng bù fù xiāng sī yì

只愿君心似我心，定不负相思意。

题解

李之仪，字端叔，自号姑溪居士、姑溪老农，北宋著名词人。

这首词吸收了民歌的特点，清浅明了又饱含深情。“卜算子”是词牌名。不同的词牌，表示不同的曲调。

注释

①休：停止，这里指江水干枯。
②已：停止。

诗意

我住在长江上游，你住在长江下端。日日夜夜想念你，却见不到你，你和我啊，只能同饮一江绿水，两情相爱相知。长江水什么时候才枯竭啊，别离的苦恨啊什么时候消止。只愿你的心与我一样坚定，才不辜负我一番痴情。

三 英雄人物

大禹治水

传说在上古的时候，洪水泛滥，淹没了庄稼和房屋，老百姓流离失所。

尧看到这一幕很痛心，便派鲧去治理洪水。面对滔滔洪水，鲧有点束手无策，只好采用修筑堤坝的方式来堵水。可是，河水越堵越高，很多地方的堤坝就这样被冲垮了。过了九年，这种“堵水”的办法不仅没有成功，反而使一些地方的水患更严重。鲧由于治水不力，被流放到了一个叫羽山的地方，后来就死在了那里。

人们将治水的重任交给了鲧的儿子禹。接到任务时，禹刚结婚四天。他不敢懈怠，当即和他的助手们一起，跋山涉水，风餐露宿，走遍了当时中原大地的山山水水。他知道，治理洪水不能光靠“堵”，还要“导”，就是用疏通水道的办法让洪水流入大海。为了疏通水道，禹和大家在一起劳动，吃睡都在工地上。曾经有好几次，禹路过自己的家，但想到自己重任在肩，都没有进门看看，于是有了“三过家门而不入”的佳话。

经过十三年的努力，禹和他的助手们终于降服了洪水。后代人们感念他的功绩，尊他为“禹神”。

第二节　黄河

一　国学常识

黄　河

黄河被誉为中华民族的母亲河，是中国的第二长河，同时也是世界第五长河，还是世界上含沙量最大的河流。由于泥沙含量大，河水变成黄色，所以被称为“黄河”。从天空中看，黄河就像是一个巨大的“几”字。

因为黄河之水常年浑浊，难得有清澈的时候，所以古代的很多成语都与黄河水有关。有个成语叫“河清海晏”，说的是黄河水变清澈了，大海里也没有了波浪，比喻天下太平。还有一个成语叫“河清云庆”，是指黄河水变清了，天上出现了五彩的云，古人认为这是吉祥的象征。

二　古典诗词

dēng guàn què lóu
登鹳雀楼

táng　wáng zhī huàn
（唐）王之涣

bái rì yī shān jìn　huáng hé rù hǎi liú
白日①依②山尽③，黄河入海流。
yù qióng qiān lǐ mù　gèng shàng yī céng lóu
欲④穷⑤千里目⑥，更⑦上一层楼。

题　解

王之涣，字季凌，盛唐时期著名诗人，以善于描写边塞风光著称。

《登鹳雀楼》是唐诗中的名篇。诗的前两句写景，后两句写意。写意的两句把景物与哲理完美地结合在一起。它告诉人们：只要勇于攀登，就能开拓人生的新境界。

注　释

①白日：太阳。

②依：依傍。

③尽：消失。

④欲：想要。

⑤穷：达到极致。

⑥千里目：眼界宽阔。

⑦更：再。

诗　意

太阳依傍着山峦渐渐下落，滔滔黄河水向着大海滚滚奔流。如果想要遍览千里风景，那就要再登上一层楼。

liángzhōu cí èr shǒu qí yī

凉州词二首·其一

táng wáng zhī huàn

（唐）王之涣

huáng hé yuǎn shàng bái yún jiān yī piàn gū chéng wàn rèn shān

黄河远上①白云间，一片孤城②万仞③山。

qiāng dí hé xū yuàn yáng liǔ chūn fēng bù dù yù mén guān

羌笛④何须怨杨柳，春风不度⑤玉门关⑥。

题解

凉州在今甘肃。“凉州词”是唐代很流行的一首曲子。它的内容多与边塞征战有关。诗的后两句批评朝廷不能抚恤边关将士，表达了对戍边官兵的深切同情。

注释

①远上：远远向西望去。

②孤城：指孤零零的戍边的城堡，这里指玉门关关城。

③仞：古代的长度单位，一仞相当于七尺或八尺。

④羌笛：羌族乐器，属横吹式管乐。

⑤度：吹到。

⑥玉门关：在今甘肃。

诗意

纵目远望，黄河仿佛从缭绕的白云间奔流而来。在这高耸万仞的群山之中，玉门关就是一座冷寂的孤城。羌笛声啊，你不要埋怨春柳，因为春风是无法吹到玉门关的。

zhēng rén yuàn

征人怨

táng liǔ zhōng yōng

（唐）柳中庸

suì suì jīn hé fù yù guān zhāo zhāo mǎ cè yǔ dāo huán

岁岁①金河②复玉关③，朝朝④马策⑤与刀环⑥。

sān chūn bái xuě guī qīng zhǒng wàn lǐ huáng hé rào hēi shān

三春⑦白雪归青冢⑧，万里黄河绕黑山⑨。

题解

柳中庸，名淡，字中庸，唐代边塞诗人。

征人指的是戍守边关的军人。这首诗反映了戍边生活之苦。

注释

①岁岁：年复一年，年年月月。

②金河：即黑河，在今内蒙古自治区呼和浩特市城南。

③玉关：玉门关。

④朝朝：每天，日日夜夜。

⑤马策：马鞭。

⑥刀环：刀柄上的铜环，用以指代征战之事。

⑦三春：暮春。

⑧青冢：指王昭君的坟墓。

⑨黑山：在今内蒙古呼和浩特市东南。

诗意

年年岁岁戍守金河保卫玉关，日日夜夜挥舞马鞭手握刀环。暮春白雪飘飞覆于昭君墓上，万里奔波渡过黄河绕过黑山。

shū hé shàng tíng bì

书河上亭壁

sòng kòu zhǔn

（宋）寇　准

àn kuò qiáng xī bō miǎo máng dú píng wēi jiàn sī hé cháng

岸阔樯①稀波渺茫，独凭②危③槛④思何长。

xiāo xiāo yuǎn shù shū lín wài yī bàn qiū shān dài xī yáng

萧萧⑤远树疏林外，一半秋山带夕阳。

题解

寇准，字平仲，北宋政治家、诗人。

古诗中的“河”多指黄河。这首诗是寇准在黄河边上的一处亭子中写的。诗歌通过描写秋天黄河的景色表达了诗人的思绪。

注释

①樯：指船。

②凭：靠。

③危：高。

④槛：栏杆。

⑤萧萧：风声。

诗意

宽阔的黄河上，有几条船在浩渺的波浪中航行。我独自登上河边的亭子，斜靠着栏杆，思绪像河水绵延悠长。那远处河边，萧瑟秋风中，有片稀疏的树林，林后耸立的高山，一半沐浴着西斜的阳光。

huáng hé
黄河

sòng wáng ān shí
（宋）王安石

pài chū kūn lún wǔ sè liú yī zhī huáng zhuó guàn zhōng zhōu
派①出昆仑②五色流，一支黄浊③贯④中州⑤。

chuī shā zǒu làng jǐ qiān lǐ zhuǎn cè wū lú wú chù qiú
吹沙走浪几千里，转侧⑥屋闾⑦无处求。

题解

这首诗所描写的是黄河发大水时的景象，表达了诗人对洪水中受难百姓的同情。

注 释

①派：水的支流。

②昆仑：昆仑山。

③黄浊：黄且浑浊。

④贯：贯穿。

⑤中州：中原大地。

⑥转侧：漂转。

⑦屋闾：房屋。

诗 意

源自昆仑山的黄河水，贯穿了神州大地。浑浊的黄河水夹带着泥沙奔涌几千里。一旦洪水决堤，房屋就会如叶子一样在水中漂转，瞬间就消失在滔滔洪水中。那时无数的黎民百姓将无家可归。

guò gǔ huáng hé dī

过古黄河堤

yuán sà dū là

（元）萨都剌

gǔ lái huáng hé liú　ér jīn zuò gēng dì

古来黄河流，而今作耕地。

dū dào biàn tōng jīn　cāng hǎi huà wéi chén

都道①变通津②，沧海化为尘。

题解

萨都剌，字天锡，号直斋，元代著名诗人。

这首《过古黄河堤》抒发了诗人对历史变迁的感叹。

注释

①都道：都城的街道。

②通津：四通八达之渡口。

诗意

古代黄河流经的地方，现在变成了耕地。曾经是都城街道的地方，现在成了渡口。历史的变迁啊，就像是曾经的沧海现在变成了尘土。

三　成语典故

望洋兴叹

相传很久以前，黄河里有一位河神，人称河伯。他站在黄河岸上。望着黄河水自西向东流，兴奋地说："黄河真大呀，世上没有哪条河能和它相比。我就是最大的水神！”有人告诉他：“你的话不对，在黄河的东面有个地方叫北海，那才真叫大呢。”河伯说：“我不信，北海再大，能大得过黄河吗？”那人说：“别说一条黄河，就是几条黄河的水流进北海，也装不满它。”河伯始终不信。那人无可奈何，告诉他：“有机会你去看看北海，就明白我的话了。”河伯来到黄河的入海口。海神正微笑地欢迎他。河伯放眼望去，只见北海汪洋一片，无边无涯。他呆呆地看了一会儿，深有感触地对海神说：“只懂得一些道理就以为谁都比不上自己，这话说的就是我呀！今天要不是亲眼见到这北海，我还会以为黄河是天下最大的呢！那样，岂不永远被有见识的人笑话？”

这个成语告诉我们：永远不要自满于现状，一定要开阔自己的眼界，虚心向他人学习。

第三单元

大山边塞

第一节　大山

一　看图识字

今天我们看到的“山”字，也是从图画演变而来的。它最早是这样的：

和山有关的是土。“土”这个字最早是地上的一堆沙土，或者是大石头：

土上有人在休息，就是“坐”：

“火”字和“山”有点像，“火”最早是这么写的：

大家可一定要分清楚它们的不同哦。

二　古典诗词

wàng lú shān pù bù

望庐山瀑布

táng　lǐ　bái

（唐）李　白

rì zhào xiāng lú　shēng zǐ yān　yáo kàn pù bù guà　qián chuān

日照香炉①生紫烟②，遥看瀑布挂③前川④。

fēi liú zhí　xià sān qiān chǐ　yí shì yín hé　luò jiǔ tiān

飞流直⑤下三千尺⑥，疑是银河⑦落九天⑧。

题　解

我国有许多著名的大山，庐山就是其中之一。这首《望庐山瀑布》就是唐代大诗人李白描写庐山瀑布壮美景色的诗作。

注　释

①香炉：指香炉峰。

②紫烟：指由于日光照射，蒸腾而上的水汽，远望如紫色的烟云。

③挂：悬挂。

④前川：一作“长川”。川：河流，这里指瀑布。

⑤直：笔直。

⑥三千尺：虚指，形容山很高。

⑦银河：古人指银河系构成的带状星群。

⑧九天：古人认为天有九重，九天是天的最高层，这里形容天很高。

诗意

在太阳的照耀下香炉峰升起袅袅紫烟，远远望去瀑布像巨大白练悬挂在山前。高崖上飞腾直下的瀑布好像有几千尺，让人惊诧赞叹怀疑是银河从天上泻落到人间。

wàng tiān mén shān

望天门山

táng lǐ bái

（唐）李白

tiān mén zhōng duàn chǔ jiāng kāi bì shuǐ dōng liú zhì cǐ huí

天门中断①楚江②开③，碧水东流至此回④。

liǎng àn qīng shān xiāng duì chū gū fān yī piàn rì biān lái

两岸青山相对出⑤，孤帆一片日边来。

题解

天门山位于安徽省境内。李白这首诗将雄奇险峻的山势和壮阔茫远的水势形象地刻画了出来。

注释

①中断：江水从中间隔断两山。

②楚江：即长江。因为安徽古属楚国，所以流经这里的长江又称楚江。

③开：劈开，断开。

④回：回旋，回转。

⑤出：突出，出现。

诗意

长江犹如巨斧劈开天门雄峰，碧绿的江水东流到此回旋向北。两岸青山对峙，美景难分高下，一叶孤舟悠悠地自天边而来。

lù zhài
鹿柴

táng wáng wéi
（唐）王 维

kōng shān bù jiàn rén, dàn wén rén yǔ xiǎng
空山不见人，但①闻②人语响。

fǎn yǐng rù shēn lín, fù zhào qīng tái shàng
返景③入深林，复照④青苔上。

题解

王维，字摩诘，号摩诘居士，唐代著名诗人、画家，有“诗佛”之称，与孟浩然合称“王孟”。

这首诗写的是傍晚时候的山间景色。全诗清新自然，毫不做作。鹿柴是一个地名。

注释

①但：只。

②闻：听见。

③返景：太阳将落时通过云彩反射的阳光。“景”在古代与“影”意思相同。

④照：照耀。

诗意

幽静的山中看不见人，只能听到那说话的声音。落日的余晖透入密林，又映照在林中的青苔上。

yǒng huà shān

咏华山

sòng kòu zhǔn

（宋）寇准

zhǐ yǒu tiān zài shàng　gèng wú shān yǔ qí

只有天在上，更无山与齐①。

jǔ tóu hóng rì jìn　huí shǒu bái yún dī

举头②红日近，回首③白云低。

题解

《咏华山》是寇准七岁时所作的一首诗。全诗虽然语言简单，却把华山的高通过对比展现了出来。

注释

①与齐：和它一样。
②举头：抬起头。
③回首：低头。

诗意

华山的上面只有青天，世上更是找不到和它平齐的山。在山顶抬头望去，红色的太阳显得那么近，低头看白云都在脚下。

dēng fēi lái fēng
登飞来峰

sòng wáng ān shí
（宋）王安石

fēi lái shān shàng qiān xún tǎ wén shuō jī míng jiàn rì shēng
飞来山上千寻塔①，闻说②鸡鸣见日升。
bù wèi fú yún zhē wàng yǎn zhǐ yuán shēn zài zuì gāo céng
不畏浮云③遮望眼④，只缘⑤身在最高层。

题解

这是诗人壮年之时所作的诗。这时的王安石心怀抱负、情怀豪迈，有着昂扬的斗志。

注释

①千寻塔：高塔。

②闻说：听说。

③浮云：山间的云雾。

④望眼：视线。

⑤缘：因为。

诗意

听说在飞来峰极高的塔上，鸡鸣时分可看到旭日初升。不怕浮云会遮住我的视线，只因为如今我身在最高层。

tí xī lín bì

题西林壁

sòng sū shì

（宋）苏 轼

héng kàn chéng lǐng cè chéng fēng

横看①成岭侧②成峰，

yuǎn jìn gāo dī gè bù tóng

远近高低各不同③。

bù shí lú shān zhēn miàn mù

不识④庐山真面目，

zhǐ yuán shēn zài cǐ shān zhōng

只缘⑤身在此山⑥中。

题解

苏轼，字子瞻，又字和仲，号东坡居士，北宋著名文学家、政治家。

这首诗题写在庐山西林寺的墙壁上，所以叫《题西林壁》。后两句启发我们看问题时切忌以偏概全。

注释

①横看：从正面看。
②侧：侧面。
③各不同：各不相同。
④不识：看不出。
⑤缘：因为，由于。
⑥此山：指庐山。

诗意

从正面、侧面看庐山，山岭连绵起伏、山峰耸立。从远处、近处、高处、低处看，庐山都呈现出各种不同的样子。我之所以认不清庐山真正的面目，是因为我身处在庐山之中。

三 神话传说

愚公移山

传说古时候在冀州以南、河阳以北有两座大山。一座叫太行山，一座叫王屋山。山北边住着一位叫愚公的老人。他每次到南面都要绕一个大圈子。他觉得这样很不方便，于是便把全家人召集起来，说："我准备与你们一起，用毕生的精力来移走太行山和王屋山，修一条通向南方的大道。你们说好吗？"大家都表示赞成，但愚公的老伴提出了一个问题："你们所有人的力量加起来，连一座小山都不能搬移，又怎能把太行、王屋两座大山移走呢？再说，把那些挖出来的泥土和石块放到哪里去呢？"最后大家决定：把挖出来的泥土和石块扔到东方的渤海边和北方最远的地方。第二天一早，愚公带着儿孙们开始挖山。虽然一家人每天挖不了多少，但他们还是坚持挖。他们把挖下来的泥土运往渤海，冬夏换季才往返一次。

有一位叫智叟的老人得知这件事后觉得愚公很可笑，特地来劝愚公说："你这样做太不聪明了，凭你这有限的精力，又怎能把这两座山挖平呢？你这么大岁数了，还能活几天？"

愚公回答说："你这个人自以为聪明，其实太顽固了，简直无法开导。即使我死了，还有我的儿子在这里。儿子死了，还有孙子，孙子又生孩子，孩子又生儿子。子子孙孙、世世代代是没有穷尽的，而山却不会再增高，为什么挖不平呢？"

当时山神见愚公他们挖山不止，便向天帝报告了这件事。天帝被愚公的精神感动，派了两个大力神下凡，把两座山背走。从此，这里不再有高山阻隔了。

第二节　边塞

一　国学常识

不战而屈人之兵

《孙子兵法》是中国现存最早的兵书，也是世界上最早的军事著作，被誉为“兵学圣典”。《孙子兵法》的作者是孙武。他在书中总结了中国古代的战略智慧。他说：“百战百胜，非善之善也；不战而屈人之兵，善之善者也。”意思是：在战争中，常胜将军并不是最好的，如果能不用武力就让敌人屈服，这才是最好的。在今天看来，这句话包含着伟大的战略智慧。实际上，所有的战争都会给人民带来巨大的伤害。因此，我们应该尽一切可能争取和平，用胆识与谋略阻止战争的发生。当然，这并不意味着我们惧怕敌人，而是出于对和平的热爱。正义战争的终极目的是保卫和平。孙武的这种思想对于今天的国际社会产生了深远的影响。他也被人们尊称为“兵圣”。

二 古典诗词

sài shàng tīng chuī dí
塞上听吹笛

táng gāo shì
（唐）高 适

xuě jìng hú tiān mù mǎ huán yuè míng qiāng dí shù lóu jiān
雪净①胡天②牧马还③，月明羌笛④戍楼⑤间。

jiè wèn méi huā hé chù luò fēng chuī yī yè mǎn guān shān
借问梅花何处落⑥，风吹一夜满关山⑦。

题解

高适，字达夫、仲武，唐代著名边塞诗人。

诗文描绘了一幅优美动人的塞外春光图，反映了边塞生活中安详、恬静的

一面。塞上指凉州（今甘肃武威）一带的边塞。

注释

①雪净：冰雪消融。

②胡天：指西北边塞地区。

③牧马还：牧马归来。一说指敌人被击退。

④羌笛：羌族管乐器。

⑤戍楼：军营城楼。

⑥梅花何处落：此句一语双关，既指想象中的梅花，又指笛曲《梅花落》。《梅花落》多表达离别之情。

⑦关山：这里泛指关隘山岭。

诗意

冰雪融尽，入侵的胡兵已经悄然返还。月光皎洁，悠扬的笛声回荡在戍楼间。试问饱含离情的《梅花落》飘向何处？在风的吹拂下一夜之间布满关隘山川。

hè zhāng pú yè sài xià qǔ qí sān

和张仆射塞下曲·其三

táng lú lún

（唐）卢纶

yuè hēi yàn fēi gāo chán yú yè dùn táo

月黑①雁飞高，单于②夜遁③逃。

yù jiàng qīng qí zhú dà xuě mǎn gōng dāo

欲将④轻骑⑤逐⑥，大雪满弓刀。

题解

卢纶，字允言，中唐著名诗人。

这首诗写的是在月黑雁飞的雪夜，将军欲率兵追杀敌人的壮丽场景。

注释

①月黑：无月之夜。
②单于：匈奴的首领，这里指敌军统帅。
③遁：逃走。
④将：率领。
⑤轻骑：轻装快速的骑兵。
⑥逐：追赶。

诗意

乌云遮住了月亮，天边突然惊起一群大雁，原来是敌军首领要趁着夜色逃跑。正想要率领轻骑兵追杀，可是大雪纷纷扬扬，洒满了将士们的弓刀。

塞下曲

sài xià qǔ

táng xǔ hún

（唐）许浑

yè zhàn sāng gān běi
夜战桑乾①北，
qín bīng bàn bù guī
秦兵②半不归③。
zhāo lái yǒu xiāng xìn
朝来有乡信④，
yóu zì jì hán yī
犹自⑤寄寒衣⑥。

题解

许浑，字用晦，晚唐最具影响力的诗人之一。

这首诗通过一个极微小的细节——家书刚刚到军营，士兵却已经牺牲，表达了对牺牲者和家属的深切同情，同时反映了战争的残酷。

注释

①桑乾：桑乾河，永定河的上游，发源于山西，流经华北平原。
②秦兵：唐都在关中，是秦朝旧地，所以称唐军为秦兵。
③半不归：有一半的人回不来，指战死。
④乡信：家乡来信。
⑤犹自：仍然。
⑥寒衣：御寒的衣服。

诗意

昨夜在桑乾河北边发生了一场战斗，来自秦地的士兵有一半战死了。早晨，军营里收到了其中一位战死士兵的家书，告诉他寒衣已经寄来。

yè shàng shòu xiáng chéng wén dí

夜上受降城闻笛

táng lǐ yì

（唐）李益

huí lè fēng qián shā sì xuě shòu xiáng chéng wài yuè rú shuāng

回乐峰①前沙似雪，受降城外月如霜。

bù zhī hé chù chuī lú guǎn yī yè zhēng rén jìn wàng xiāng

不知何处吹芦管②，一夜征人③尽④望乡。

题解

李益，字君虞，唐代著名的边塞诗人。

受降城是唐代为安置突厥等北方游牧民族降兵而修筑的城堡。这首诗反映了守边将士对家乡的思念。

注释

①回乐峰：唐代有回乐县，在今宁夏回族自治区，回乐峰应是当地的山峰。

②芦管：笛子。

③征人：守边的将士。

④尽：全。

诗意

回乐峰前的沙地白得像雪，受降城外的月色犹如秋霜。不知何处吹起凄凉的芦管，一夜间将士个个眺望故乡。

lǒng xī xíng sì shǒu qí èr

陇西行四首·其二

táng chén táo

（唐）陈 陶

shì sǎo xiōng nú bù gù shēn wǔ qiān diāo jǐn sàng hú chén

誓扫匈奴①不顾身，五千貂锦②丧胡尘。

kě lián wú dìng hé biān gǔ yóu shì chūn guī mèng lǐ rén

可怜无定河③边骨，犹是春闺④梦里人！

题解

陈陶，字嵩伯，自号三教布衣，唐代诗人。

汉武帝时，大将李陵曾率领五千精兵与匈奴浴血奋战，最终全军覆没。陈陶的这首诗借此反映了唐代长期的边境战争给人民带来的苦难，流露出对和平的向往和渴望。

注释

①匈奴：指秦汉时活跃于北方草原的游牧民族。

②貂锦：这里指装备精良的精锐之师。

③无定河：黄河中游支流，在陕西北部。

④春闺：这里指战死者的妻子。

诗意

誓死消灭敌人的将士个个奋不顾身，五千装备精良的士兵战死在沙场。谁知家乡妻子思念的梦中之人，早已化作无定河边的累累白骨。

长城

cháng chéng

（唐）汪遵

táng wāng zūn

qín zhù cháng chéng bǐ tiě láo　fān róng bù gǎn guò lín táo
秦筑长城比铁牢①，蕃戎②不敢过临洮③。
suī rán wàn lǐ lián yún jì　zhēng jí yáo jiē sān chǐ gāo
虽然万里连云际，争及④尧阶⑤三尺高。

题解

汪遵，唐代诗人。

这首诗抒发了作者在游历长城时的感受。诗歌揭示了这样一个道理：再强大的武力也远远比不上仁义道德，因为后者拥有更加强大的力量。

注释

①牢：牢固。

②蕃戎：北方的游牧民族。

③临洮：秦长城西边的起点。

④争及：怎么比得上。

⑤尧阶：尧，中国古代的贤君；阶，宫殿前的台阶。尧阶在古代被视为仁政的代称。

诗意

秦王朝修筑的长城固若金汤，来自北方的敌人无法越过临洮。虽然长城宏伟浩大、绵延万里（但秦朝却很快灭亡），还不及尧房前的三尺台阶。

三　英雄人物

桃李不言，下自成蹊

李广是汉朝一位著名的将军。

李广力大无穷，善于骑射。有一次，他去打猎，看到草丛中有一只大老虎，于是张弓搭箭，一箭射中老虎，老虎身上还冒出了火星。李广觉得有点奇怪，便走近察看。原来那是一块像老虎的大石头。那支箭的整个箭头都插进了石头中，同行之人怎么用力都拔不出来。

李广英勇善战，立下赫赫战功。有一次，他率领一百多骑兵巡逻。突然对面来了数千匈奴骑兵。汉军士兵们都很惊慌。李广却说：“大家不要慌，我们才一百多人，如果逃跑，很快就会被他们追上。如果我们按兵不动，敌人一定会以为我们是来引诱他们的，就不敢贸然进攻。”这时，有个骑白马的匈奴将军出阵探察汉军情况，李广上马带着十几名骑兵奔驰过去，射杀了这个将军，然后又回到原地，命令士兵下马解鞍，随意躺卧。天慢慢黑下来，匈奴兵担心遭到周围汉军伏兵的夜袭，便全部撤走了。

李广一生清廉，所得赏赐皆分给了部下，家无余财。他忠心耿耿，但不善言辞，命运不佳。其死后，天下人皆为之流涕伤感。

司马迁称赞李广“桃李不言，下自成蹊”，意寓桃李有芬芳的花朵、甜美的果实，虽然不会说话，但仍然能吸引许多人到树下赏花尝果，以至于树下被踩出一条小路。后来，这个成语比喻一个人做了好事，不用张扬，人们也会记住他。

第四单元

四季节日

第一节　四季

一　民俗常识

二十四节气歌

春雨惊春清谷天，
夏满芒夏暑相连。
秋处露秋寒霜降，
冬雪雪冬小大寒。

古人根据季节变化，将一年分成二十四个节气，用来确定农业活动的时间。这首诗将二十四节气名字巧妙地串在一起。二十四个节气分别是：

春：立春，雨水，惊蛰，春分，清明，谷雨
夏：立夏，小满，芒种，夏至，小暑，大暑
秋：立秋，处暑，白露，秋分，寒露，霜降
冬：立冬，小雪，大雪，冬至，小寒，大寒

比如立春就是春天的开始。春分这一天夜晚和白天的时间是一样长的。大暑和大寒分别是一年中最热和最冷的一天。二十四节气还被人们称为“中国的第五大发明”。

二　古典诗词

zǎo chūn chéng shuǐ bù zhāng shí bā yuán wài

早春呈水部张十八员外

táng　hán　yù

（唐）韩　愈

tiān jiē　xiǎo yǔ rùn rú sū
天街①小雨润如酥②，
cǎo sè yáo kàn jìn què wú
草色遥看近却无。
zuì shì　yī nián chūn hǎo chù
最是③一年春好处④，
jué shèng　yān liǔ mǎn huáng dū
绝胜⑤烟柳满皇都⑥。

题解

韩愈，字退之，世称韩昌黎、昌黎先生，唐代杰出的文学家、思想家、政治家。

这首诗是韩愈赠予张籍的作品。诗题中的“呈”，是“恭敬地送给”之意。张十八是唐代著名诗人张籍，他在同族兄弟中排行第十八，所以被称为“张十八”。水部是张籍的官职，全称“水部员外郎”。韩愈的这首诗将早春小雨的舒适感和细腻感恰到好处地描绘了出来，让人感受到春天的萌动。

注释

①天街：京城街道。

②润如酥：细腻如酥。酥：一种口感细腻的乳制品。

③最是：正是。

④处：时。

⑤绝胜：远远胜过。

⑥皇都：长安。

诗意

长安街上细小的春雨润滑如酥，远看草色青青，近看却什么也没有。早春正是一年春光的大好时节，大大胜过皇城杨柳堆烟的暮春。

chūn rì
春日

sòng zhū xī
（宋）朱 熹

shèng rì xún fāng sì shuǐ bīn wú biān guāng jǐng yī shí xīn
胜日①寻芳②泗水③滨④，无边光景⑤一时新。

děng xián shí dé dōng fēng miàn wàn zǐ qiān hóng zǒng shì chūn
等闲⑥识得东风⑦面，万紫千红总是春。

题解

朱熹，字元晦，又字仲晦，号晦庵，宋代理学的集大成者，后世尊称其为朱子。

这首描写春天的诗流露出朱熹达观的内在气质，也寄托了他追求真理的美好愿望。一语双关而又不露痕迹是这首诗的最大特点。

注释

①胜日：天气晴朗的好日子。

②寻芳：游春。

③泗水：河名，在山东省。朱熹一生都没有到过泗水。这里的“泗水”是暗指孔门。因为孔子曾在洙水、泗水之间讲学。因此，诗歌里的“寻芳”实际的意思是指追随孔子而求圣人之道。

④滨：河边。

⑤光景：风景。

⑥等闲：平常，轻易。“等闲识得”是容易识别的意思。

⑦东风：春风。“东风面”借指春天。

诗意

风和日丽的日子，在泗水之滨游春，春回大地，无边无际的风光焕然一新。谁都可以看出春天的面貌，春风吹得百花开放、万紫千红，到处都是春天的景致。

xià yè zhuī liáng

夏夜追凉

sòng yáng wàn lǐ

（宋）杨万里

yè rè yī rán wǔ rè tóng kāi mén xiǎo lì yuè míng zhōng

夜热依然午热同，开门小立月明中。

zhú shēn shù mì chóng míng chù shí yǒu wēi liáng bù shì fēng

竹深树密虫鸣处，时有微凉不是风。

题解

杨万里，字廷秀，号诚斋，南宋著名诗人。

所谓“追凉”，就是寻凉，即寻找凉风。这首诗写出了诗人细腻的内心感受，一方面阐发了“心静自然凉”的人生哲理，另一方面也表达了诗人对大自然的无限热爱之情。

诗意

夏天的夜晚同中午一样炎热。打开门，站立于月光之中。远处的竹林和树丛中传来的阵阵虫鸣声，如有一阵阵清凉的感觉迎面飘来。可是我知道，这并不是风，或许这就是大自然宁静的凉意吧。

qiū sī

秋思

táng zhāng jí

（唐）张籍

luò yáng chéng lǐ jiàn qiū fēng yù zuò jiā shū yì wàn chóng

洛阳城里见秋风，欲作①家书意万重②。

fù kǒng cōng cōng shuō bù jìn xíng rén lín fā yòu kāi fēng

复恐③匆匆说不尽，行人④临发⑤又开封⑥。

题解

张籍，字文昌，唐代诗人，其乐府诗与王建齐名，并称“张王乐府”。

这首《秋思》写了生活中的一个小细节——寄家书，十分传神地表达了作客他乡的人对家乡亲人的深切思念。

注释

①作：写。

②意万重：思绪很多。

③复恐：又怕。

④行人：指捎信的人。

⑤临发：即将出发的时候。

⑥开封：拆开已经封好的家书。

诗意

洛阳城里又吹起了秋风，城中的游子怀着无限思乡的心绪正在写家书。他终于写好了家书，可又担心没有把自己想说的话表达完整，于是在送信人出发前，急忙又拆开已经密封的信再检查一遍。

jīng xuě
惊 雪

táng lù chàng
（唐）陆 畅

guài dé běi fēng jí
怪得①北风急，

qián tíng rú yuè huī
前庭如月辉②。

tiān rén nìng xǔ qiǎo
天人宁③许④巧，

jiǎn shuǐ zuò huā fēi
剪水作花飞。

题解

陆畅，字达夫，中唐诗人。

这首诗写下雪的情景，用新颖的比喻写出了雪花的美丽。

注　释

①怪得：奇怪，怎么。

②辉：阳光，这里指月光照射。

③宁：难道。

④许：如此，这样。

诗　意

北风怎么刮得这么猛烈呀，屋前院子如月光照射般明亮。天上的仙人难道真的这么灵巧，竟然能把水剪成花，然后撒向人间，舞得满天飞花。

三　国学常识

你能说出下面几首诗歌写的是什么季节吗？

火炉前坐（唐·李群玉）

孤灯照不寐，风雨满西林。多少关心事，书灰到夜深。

这首诗歌写的是________季节的情景。

春日（宋·晁冲之）

阴阴溪曲绿交加，小雨翻萍上浅沙。鹅鸭不知春去尽，争随流水趁桃花。

这首诗歌写的是________季节的情景。

夜书所见（宋·叶绍翁）

萧萧梧叶送寒声，江上秋风动客情。知有儿童挑促织，夜深篱落一灯明。

这首诗歌写的是________季节的情景。

寻胡隐君（明·高启）

渡水复渡水，看花还看花。春风江上路，不觉到君家。

这首诗歌写的是________季节的情景。

十二月十五夜（清·袁枚）

沉沉更鼓急，渐渐人声绝。吹灯窗更明，月照一天雪。

这首诗歌写的是________季节的情景。

答案：冬季、春季、秋季、春季、冬季

第二节 节日

一 民俗常识

年 兽

传说中国古时候有一种头长尖角的猛兽，名叫“年”。年兽平时住在海底，只要到岁末除夕的晚上，就爬上岸来吃人和牲畜。因此每到除夕，人们就举家往深山避难。

又到了岁末，人们正准备和往年一样逃往山里。这时来了一位白发老人。他对大家说只要让他在村里住一晚，就能把年兽赶走。大家都不相信他的话，纷纷劝他一起上山躲一躲。可

老人坚持说要留下来。大家见劝不动他，便丢下他匆匆忙忙进山了。

天黑了，年兽果然又来了。正当它大摇大摆准备进村大吃一顿的时候，突然听到了“砰砰砰”的爆竹声，它顿时吓得浑身发抖，再也不敢往前走了。年兽往村里望了望，发现那里站着一个穿着红色长袍、正哈哈大笑的老人，不禁大惊失色，仓皇逃窜。原来，年兽最怕三样东西——红色、火光和炸响。

第二天，从山里回来的人们发现村里安然无恙，才明白这位白发老人是来帮助大家赶走年兽的神仙。老人把驱逐年兽的三样“法宝”教给了大家。从此，每到除夕，家家都贴红对联，燃放爆竹，户户灯火通明，守更待岁。这风俗越传越广，就成了中国民间最隆重的传统节日——“过年”。

二　古典诗词

元日（yuán rì）

（宋）王安石（sòng wáng ān shí）

bào zhú shēng zhōng yī suì chú, chūn fēng sòng nuǎn rù tú sū.
爆竹[①]声中一岁除[②]，春风送暖入屠苏[③]。

qiān mén wàn hù tóng tóng rì, zǒng bǎ xīn táo huàn jiù fú.
千门万户[④]曈曈[⑤]日，总把新桃[⑥]换旧符。

题解

古人将正月初一称为“元日”。这首诗描写新年元日热闹、欢乐和万象更新的景象，洋溢着积极向上的精神。

注释

①爆竹：古人烧竹子时使竹子爆裂发出的响声，用来驱鬼避邪，后来演变成放鞭炮。

②一岁除：一年已尽。

③屠苏：屠苏酒，古人在大年初一时会全家合饮屠苏酒，以驱邪避瘟疫，求得长寿。

④千门万户：形容门户众多。

⑤曈曈：日出时光亮而温暖的样子。

⑥桃：桃符，古人在正月初一时用桃木板写上神荼、郁垒两位神灵的名字，悬挂在门旁，用来压邪。这就是后来的春联。

诗意

在阵阵爆竹声中，旧的一年已经过去了。和暖的春风吹来了新年，人们欢乐地饮着新酿的屠苏酒。初升的太阳照耀着千家万户，大家都忙着把旧的桃符取下，换上新的桃符。

rén rì sī guī

人日思归

nán běi cháo xuē dào héng

（南北朝）薛道衡

rù chūn cái qī rì lí jiā yǐ èr nián

入春才七日，离家已二年。

rén guī là yàn hòu sī fā zài huā qián

人归落①雁后，思②发在花前。

题解

薛道衡，字玄卿，南北朝时期著名诗人。

所谓人日，就是现在所说的正月初七。古人将正月初一到正月初七分别称为：鸡日、狗日、猪日、羊日、牛日、马日、人日。同时，人们又把人日视为入春的开始。这首诗表达了诗人对家乡的思念。

注释

①落：落在……之后。

②思：思归。传说鸿雁正月从南方返回北方。

诗意

今天是新年的第七天，而我离家也已两年。回家的日子要落在春天北归的雁群之后了，但是想回家的念头却在春花开放以前就有了。

zhēng yuè shí wǔ yè dēng
正月十五夜灯

táng zhāng hù
（唐）张 祜

qiān mén kāi suǒ wàn dēng míng
千门①开锁万灯明，
zhēng yuè zhōng xún dòng dì jīng
正月中旬动帝京。
sān bǎi nèi rén lián xiù wǔ
三百内人②连袖舞，
yī shí tiān shàng zhuó cí shēng
一时天上著③词声。

题解

张祜，字承吉，唐代诗人。

正月十五是元宵节，也叫上元节。赏灯是这一天的重要活动。这首诗描写的就是唐代上元之夜万人空巷的热闹情景。

注释

①千门：形容宫殿的门很多，突出宫殿的宏伟。

②内人：宫中的舞女。

③著：同“着”，犹“有”。

诗意

上元佳节的晚上，宫门大开，万盏明灯照亮了夜空。宫女们一起舞蹈，悠扬的歌声响彻天际。

寒食

hán shí

（唐）韩翃

táng hán hóng

chūn chéng wú chù bù fēi huā hán shí dōng fēng yù liǔ xié
春城①无处不飞花，寒食东风御柳②斜。
rì mù hàn gōng chuán là zhú qīng yān sàn rù wǔ hóu jiā
日暮汉宫③传蜡烛④，轻烟散入五侯家⑤。

题解

韩翃，字君平，唐代诗人。

寒食节是古代的一个节日。从清明节的前两天开始，古人要禁火三天，只吃冷食，所以称寒食。

注释

①春城：暮春时的长安城。

②御柳：皇城中的柳树。

③汉宫：这里指唐朝皇宫。

④传蜡烛：寒食节全国禁火，但权贵宠臣可得到皇帝恩赐的燃烛。

⑤五侯：泛指天子近幸之臣。

诗意

暮春时节，长安城处处柳絮飞舞、落红无数，寒食节里东风吹拂着皇家花园的柳枝。夜色降临，宫里忙着传蜡烛，袅袅炊烟散入王侯贵戚的家里。

shè rì
社　日

táng　wáng　jià
（唐）王　驾

é hú　shān xià dào liáng féi　tún zhà　jī qī　bàn yǎn fēi
鹅湖①山下稻粱肥②，豚栅③鸡栖④半掩扉⑤。

sāng zhè　yǐng xié　chūn shè sàn　jiā jiā fú dé zuì rén　guī
桑柘⑥影斜⑦春社散⑧，家家扶得醉人⑨归。

题解

王驾，字大用，自号守素先生，晚唐诗人。

社，就是土地神。社日，就是古代农民祭祀土地神的节日。在这一天，人们不仅要举行宴会，还要表演各种节目，表达丰收的喜悦。

注释

①鹅湖：在今江西省铅（yán）山县。

②稻粱肥：田里庄稼长得很好。粱：古代对粟的优良品种的通称。

③豚栅：小猪猪圈。

④鸡栖：鸡舍。

⑤扉：门。

⑥桑柘：桑树和柘树，这两种树的叶子均可用来养蚕。

⑦影斜：树影倾斜，表示太阳即将落山。

⑧春社散：宴会散了。

⑨醉人：醉酒的人。

诗意

鹅湖山下，庄稼长势喜人，家家户户猪满圈、鸡成群。天色已晚，桑树与柘树的影子越来越长，春社的欢宴才渐渐散去，喝得醉醺醺的人在家人的搀扶下高高兴兴地回家。

jiǔ rì

九日

táng wáng bó

（唐）王勃

jiǔ rì chóng yáng jié kāi mén yǒu jú huā

九日重阳节，开门有菊花。

bù zhī lái sòng jiǔ ruò gè shì táo jiā

不知来送酒，若个①是陶家。

题解

王勃，字子安，初唐著名诗人，与杨炯、卢照邻、骆宾王并称为“初唐四杰”。

九月九日是重阳节，也称敬老节。在这一天，古人常会登高、赏菊、饮菊花酒。

一提起菊花，人们就会想起著名诗人陶渊明和他那句著名的诗句——采菊东篱下，悠然见南山。然而，爱喝酒的陶渊明常常因为生活的贫困喝不上酒。不过，由于陶渊明名声太大，有个名叫王弘的大名士常派遣人来给他送酒。于是便有了一个成语“白衣送酒”。王勃诗中的第三、四两句就运用了这个典故。

注释

①若个：哪个。

诗意

九月九日重阳节的时候，一开门就能看见菊花。贫穷的诗人陶渊明在这一天正在为没酒喝发愁，突然来了一个送酒的人，一路上打听哪户是陶渊明的家。

三 民俗知识

中国古代的节日与节气有着密切的关系，你知道下面这些节日是在哪一天吗？这一天人们都要做什么呢？请你在向爸爸、妈妈和老师请教后，试着连连看。

节日	日　期	活　动
清明	冬至后的第 104 天	品尝瓜果
端午	八月十五	吃月饼、赏月
乞巧节	七月初七	吃粽子、饮雄黄酒
中秋	九月初九	登高、赏菊、吃重阳糕、饮菊花酒
重阳	五月初五	扫墓

答案：

节日	日　期	活　动
清明	冬至后的第 104 天	扫墓
端午	五月初五	吃粽子、饮雄黄酒
乞巧节	七月初七	品尝瓜果
中秋	八月十五	吃月饼、赏月
重阳	九月初九	登高、赏菊、吃重阳糕、饮菊花酒

第五单元

花草树木

第一节　花草

一　国学常识

我们在生活中常见的菊花、梅花、竹子等植物都有着特殊的含义，这些成为我们中华文化的重要组成部分。下面是《幼学琼林·花木》中的一段话，读过之后，你便知道身边花草的内涵。

莲乃花中君子；海棠花中神仙。

国色天香，乃牡丹之富贵；冰肌玉骨，乃梅萼之清奇。

兰为王者之香；菊同隐逸之士。

竹称君子；松号大夫。

萱草可忘忧；屈轶能指佞。

竹箓，竹之别号；木樨，桂之别名。

明日黄花，过时之物；岁寒松柏，有节之称。

二　古典诗词

qīng yáng dù
青阳渡

jìn yuè fǔ
晋乐府

qīng hé gài lǜ shuǐ　fú róng pī hóng xiān
青荷盖绿水，芙蓉披红鲜。
xià yǒu bìng gēn ǒu　shàng yǒu bìng tóu lián
下有并根藕，上有并头莲。

题解

这是一首晋代的乐府诗。乐府诗一般都带有民歌语言活泼、形象生动的特点。这首诗就以极其简单的语言，描绘了荷塘中的景象。

诗意

青青的荷叶盖住了盈盈绿水，娇艳的荷花穿上了红衣服。水下有连成线的藕，水面有大头莲蓬。

池上
chí shàng

（唐）白居易
táng bái jū yì

xiǎo wá chēng xiǎo tǐng tōu cǎi bái lián huí
小娃撑小艇①，偷采白莲②回。
bù jiě cáng zōng jì fú píng yī dào kāi
不解③藏踪迹④，浮萍⑤一道开。

题解

这首诗写一个小孩儿撑船偷采白莲的情景，将小孩天真幼稚、活泼淘气的形象刻画得栩栩如生。

注释

①艇：船。

②白莲：白色的莲花。

③不解：不知道。

④踪迹：指被小艇划开的浮萍。

⑤浮萍：水生植物，椭圆形叶子，浮在水面。

诗意

一个小孩撑着小船，偷偷地采了白莲回来。他不知道怎么掩藏踪迹，水面的浮萍被小船挤开，留下了一条船儿划过的痕迹。

bù dì hòu fù jú

不第后赋菊

táng huáng cháo

（唐）黄　巢

dài dào qiū lái jiǔ yuè bā

待到秋来九月八，

wǒ huā kāi hòu bǎi huā shā

我花开后百花杀①。

chōng tiān xiāng zhèn tòu cháng ān

冲天香阵透长安，

mǎn chéng jìn dài huáng jīn jiǎ

满城尽带黄金甲②。

题解

黄巢，唐末农民起义领袖。

这首诗是黄巢在科举考试落第以后创作的。诗歌以比喻的手法，表现了诗人顽强的斗争精神和必胜信念。不第，科举落第。

注释

①杀：草木枯萎。

②黄金甲：指菊花的花瓣像金黄色的铠甲。

诗意

等到秋天九月重阳节来临的时候，菊花盛开以后别的花都凋零了。盛开的菊花璀璨夺目，阵阵香气弥漫长安，满城均沐浴在芬芳的菊意中，遍地都是金黄如铠甲般的菊花。

梅 花

méi huā

（宋）王安石

sòng wáng ān shí

qiáng jiǎo shù zhī méi， líng hán dú zì kāi。
墙角数枝梅，凌寒①独自开。

yáo zhī bù shì xuě， wèi yǒu àn xiāng lái。
遥知②不是雪，为③有暗香④来。

题解

“墙角”是一个不太容易引人注意的地方，开在这里的梅花很容易被人们忽视。即使这样，梅花依然傲然开放，芳香依旧，这就是梅花高洁的品格。

注释

①凌寒：冒着严寒。

②遥：远远地。知：知道。

③为：因为。

④暗香：指梅花的幽香。

诗意

那墙角的几枝梅花，冒着严寒独自盛开。为什么远望就知道洁白的梅花不是雪呢？因为有阵阵的幽香传来。

lián ǒu huā yè tú
莲藕花叶图

yuán wú shī dào
（元）吴师道

yù xuě qiào líng lóng fēn pī lǜ yìng hóng
玉雪①窍②玲珑③，纷披④绿映红。
shēng shēng wú xiàn yì zhǐ zài kǔ xīn zhōng
生生⑤无限意⑥，只在苦心⑦中。

题解

吴师道，字正传，元代文学家。

这首诗是一首题画诗。诗的后两句一语双关，一方面写莲子的苦味，另一方面也借此传达只有勤苦才能获得成功的生活哲理。

注释

①玉雪：形容莲藕雪白如玉的颜色。

②窍：莲藕中间的孔洞。

③玲珑：精巧的样子。

④纷披：莲叶莲花散铺在水面上。

⑤生生：指生命延续不断。

⑥意：意趣。

⑦苦心：莲子中间的绿心有苦味。

诗意

白润如玉如雪的莲藕，中间有精巧透明的窍孔，玲珑可爱。它的绿叶和红花铺散在水面上，互相映衬。莲藕的生命一代代延续不断，显示出无限意趣和欣欣向荣的生机。它之所以能够如此，全部奥秘都在莲子的“苦心”当中。

huā
花

míng zhāng yǔ
（明）张 羽

néng bái gèng jiān huáng wú rén yì zì fāng
能白更兼①黄，无人亦自芳②。

cùn xīn yuán bù dà róng dé xǔ duō xiāng
寸心原不大，容得许多香。

题解

张羽，字来仪，号静居，明代诗人。

这首诗以花喻人，表达了诗人对高尚品质的追求和对美好信念的坚守。

注释

①兼：同时有。

②芳：散发香味。

诗意

花有白色的也有黄色的，在没有人看到的地方它仍能独自开放。花心不大，却散发着芳香。

三 国学常识

菊花的意义

提起菊花，人们不由得会想起一位著名的诗人——陶渊明，以及他那首著名的《饮酒》（其五）：

结庐在人境，而无车马喧。
问君何能尔？心远地自偏。
采菊东篱下，悠然见南山。
山气日夕佳，飞鸟相与还。
此中有真意，欲辨已忘言。

这首诗表达了作者厌倦官场腐败，决心归隐田园、超脱世俗的思想感情。陶渊明是隐士的代表。菊花，也成为隐士的标志。

由于在秋季开放，菊花又被视为秋天的象征。人们甚至把九月称“菊月”。因为“菊”与“据”同音，“九”又与“久”同音，所以菊花也用来象征长寿或长久。在农历九月初九重阳节这一天，人们会结伴采菊，将采来的菊花制成菊花茶，或者用菊花泡陈年米酒，还有用菊花沐浴。因此又有了“菊水上寿”之说。

第二节　树木

一　看图识字

很多汉字是从图画演变来的。“木”就是其中一个。在甲骨文里，它像是一棵树：

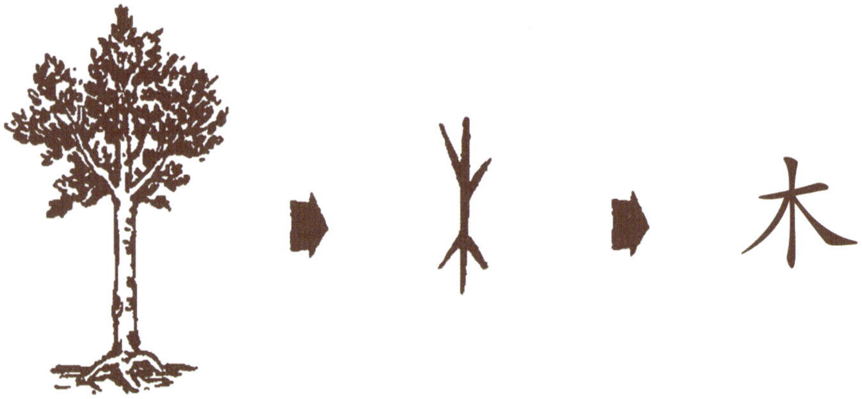

如果有好几棵树，那就是“林”：

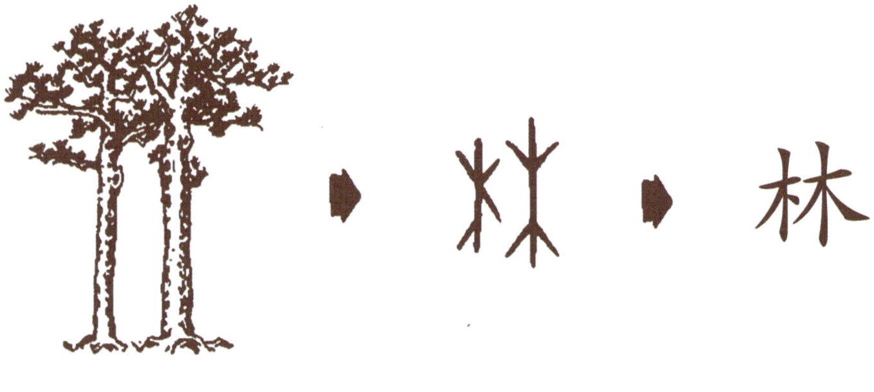

或者是“森”：

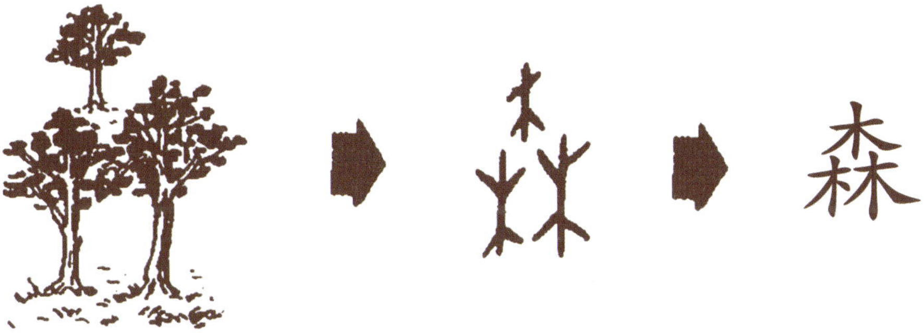

后来，人们在木下加了一横，变成“本”，表示树根：

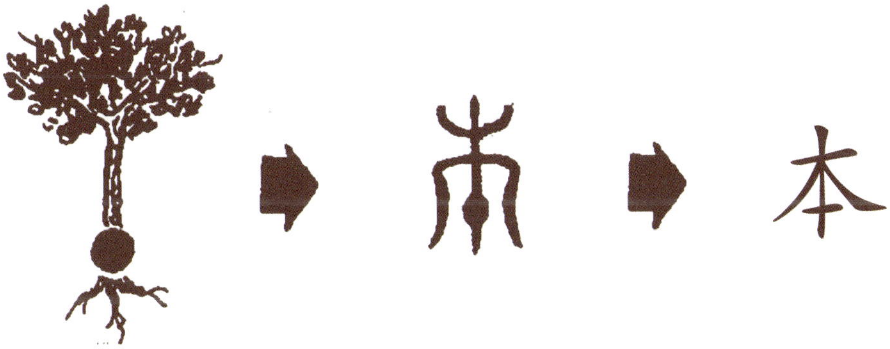

又在木上加了一横，变成“末”，表示树的顶端：

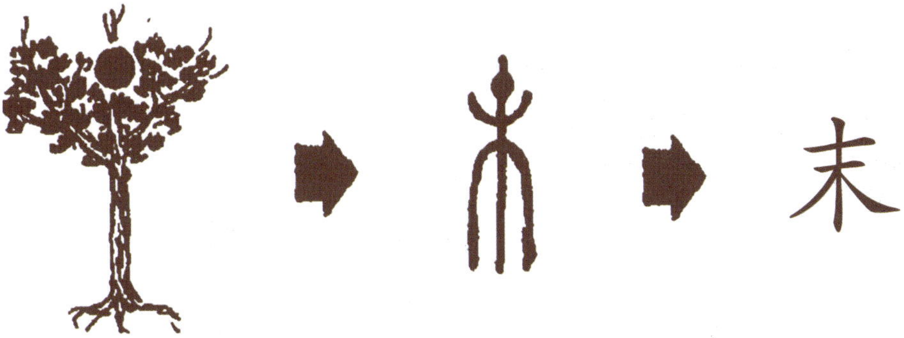

后来“本”和“末”才有了新的意思。“本”和“末”是指事字。指事字是在具体的图像上加笔画来表达抽象意思的字。

二 古典诗词

xiāng sī
相 思

táng wáng wéi
（唐）王 维

hóng dòu shēng nán guó chūn lái fā jǐ zhī
红豆生南国，春来发几枝。
yuàn jūn duō cǎi xié cǐ wù zuì xiāng sī
愿君①多采撷②，此物最相思③。

题解

王维这首《相思》语言朴实无华，但却寄托着对友人的深深思念。

注释

①愿君：希望你。

②采撷：采摘。

③相思：想念。

诗意

鲜红浑圆的红豆，生长在阳光明媚的南方，春暖花开的季节，不知又生出多少？希望思念的人儿多多采集，因为小小红豆最是引人相思。

冬柳（dōng liǔ）

（唐）陆龟蒙（táng lù guī méng）

liǔ tīng　xié duì yě rén　chuāng
柳汀①斜对野人②窗，
líng luò shuāi tiáo bàng xiǎo jiāng
零落衰条傍晓江。
zhèng shì shuāng fēng piāo duàn chù
正是霜风飘断处③，
hán ōu jīng qǐ yī shuāng shuāng
寒鸥惊起一双双。

题解

陆龟蒙，字鲁望，号天随子、江湖散人、甫里先生，唐代农学家、文学家。

以往大多数的诗人更多写春夏中柳树茂盛时的样子。而本诗描写的是寒风中枯槁的冬柳，因此别有一番新意。

注释

①汀：水边平地。
②野人：居住在乡村的人。
③飘断处：指断了的柳条。

诗意

茅屋窗外的河边长着一棵柳树，晨光洒在这棵即将枯萎的柳树上。寒风吹过，断了的柳条随风飘动，惊起一群群野鸥。

shān cūn yǒng huái
山村咏怀

sòng　shào　yōng
（宋）邵　雍

yī qù　èr sān lǐ
一去①二三里，
yān cūn　sì wǔ jiā
烟村②四五家。
tíng tái liù qī zuò
亭台六七座，
bā jiǔ shí zhī huā
八九十枝花。

题解

邵雍，字尧夫，北宋著名理学家、数学家、诗人。

这首诗以极其简单的语言，描绘了一幅乡间野外的风景图，表达了诗人的闲适心绪和热爱生活的积极态度。

注释

①去：指距离。

②烟村：被烟雾笼罩的村庄。

诗意

到二三里远的地方，有四五个生着炊烟的人家。路过六七座亭台楼阁，周围有十几枝花。

zǎo méi
早梅

míng dào yuán
（明）道源

wàn shù hán wú sè
万树寒无色，
nán zhī dú yǒu huā
南枝独有花。
xiāng wén liú shuǐ chù
香闻流水处，
yǐng luò yě rén jiā
影落野人家。

题解

在其他花都还未开放的冬季，梅花率先开放。淡淡的芳香装点了没有彩色的冬季，更让人感到梅花的魅力与可贵。

诗意

雪花落下，大地一片洁白，在南边的树枝上有一些花，但没有叶子。在小溪旁我闻到了香味，抬头一看，只见梅花的影子正映在农家的墙壁上。

竹石（zhú shí）

（清）郑板桥（qīng zhèng bǎn qiáo）

yǎo dìng qīng shān bù fàng sōng
咬定①青山②不放松，

lì gēn yuán zài pò yán zhōng
立根③原④在破岩⑤中。

qiān mó wàn jī hái jiān jìn
千磨万击还坚劲⑥，

rèn ěr dōng xī nán běi fēng
任⑦尔⑧东西南北风。

题解

郑板桥，原名郑燮，字克柔，号理庵，又号板桥，人称板桥先生，清代著名画家，“扬州八怪”之一。

郑板桥画的竹子特别有名，这是他题写在竹石画上的一首诗。诗歌赞美了竹子坚定顽强的精神。所谓竹石，就是把根扎在岩石缝隙中的竹子。

注释

①咬定：比喻根扎得结实。
②青山：岩石。
③立根：扎根。
④原：本来，原来。
⑤破岩：裂开的岩石。
⑥坚劲：坚强有力。
⑦任：无论，不管。
⑧尔：你。

诗意

竹子抓住青山一点也不放松，它的根牢牢地扎在岩石缝中。经历成千上万次的折磨和打击，它依然那么坚强，不管是酷暑的东南风，还是严冬的西北风，它都能经受得住，还是依然坚韧挺拔。

tái　　qí　yī
苔·其一

qīng　yuán　méi
（清）袁　枚

bái rì bù dào chù　qīng chūn qià zì lái
白日不到处，青春恰自来。
tái huā rú mǐ xiǎo　yě xué mǔ dān kāi
苔花如米小，也学牡丹开。

题解

袁枚，字子才，号简斋，晚年自号仓山居士、随园主人、随园老人，清代著名诗人。

苔藓多寄生于阴暗潮湿的地方，但它的生命力很顽强，也可以像牡丹一样欣欣向荣地生长。诗人借此告诉我们：不要因为生存环境差而轻易放弃自己的理想，要像苔藓一样勇敢、坚强地展示自己。

诗意

苔藓将春天的绿色带到阳光照不到的地方。它虽然微小，但也可以像牡丹一样傲然生长。

三 历史人物

大树将军

冯异是汉代的一位名将。他自幼爱好读书，通晓《左氏春秋》《孙子兵法》，胸中颇有韬略。不仅如此，他为人处事很谦虚，从来不自夸。如果出门时遇见别的将军，冯异总是避让。

冯异带兵有方。他的军队旗帜鲜明，令行禁止，在各部队中号称最有纪律。每到一个地方安营扎寨，其他将军常常围坐在一起讨论谁的功劳更大。当大伙讨论得热火朝天的时候，冯异总是悄悄躲开，独自坐在大树下面休息。久而久之，大家便送给他一个“大树将军”的称号。冯异的高尚品行，赢得了军士们的爱戴。重新整编军队时，士兵们都争相表示愿跟随“大树将军”。他也因此得到了皇帝的嘉奖。

后来，人们用“大树将军”来形容将领为人谦和不争。

第六单元

飞禽走兽

第一节　飞禽

一　国学常识

雁　　书

大雁是一种候鸟。它们每到冬天，就要从北方飞到南方去过冬，到了春天再从南方飞回北方。大雁在飞行时，会排成“人”字形的队形，这样可以保证同伴不掉队。因此，大雁可以说是鸟类中的“旅行家”。

我们的古人也很喜欢大雁。他们还将书信称为“雁书”。这个名字还和汉代的苏武有关。

苏武是汉朝的一位大臣。他受皇帝的指派，出使匈奴。匈奴的单于（相当于国王）见苏武仪表堂堂，觉得他是一个有才华的人，就想把他留下来。可是，忠诚的苏武拒绝了他们的要求。于是，匈奴人就把苏武流放到一个又寒冷又偏远的地方，让他在那里放牧，还说只有等到公羊生出了小羊，才会放他回国。就这样，苏武在那里一待就是十九年。尽管这样，苏武一直没有屈服。后来，匈奴和汉朝达成和议。汉朝要求匈奴放回苏武等人。匈奴却撒谎说苏武已经死了。后来，又有汉朝的使者来到匈奴，终于打听到了苏武的情况。于是，使者告诉匈奴单于说：“我们的天子在打猎时，射下了一只大雁，大雁脚上系着书信，上面说苏武等人在北海。”单于十分惊讶，只好将苏武送回汉朝。

这就是“雁书”的由来。

二 古典诗词

niǎo míng jiàn
鸟 鸣 涧

táng wáng wéi
（唐）王 维

rén xián guì huā luò
人闲①桂花落，
yè jìng chūn shān kōng
夜静春山空②。
yuè chū jīng shān niǎo
月出惊③山鸟，
shí míng chūn jiàn zhōng
时鸣④春涧中。

题解

“鸟鸣涧”的意思是鸟儿在山涧中鸣叫。王维喜欢描写安静而悠然的环境。这首诗就是王维的代表作之一。

注释

①闲：悠闲。

②空：空且安静。

③惊：惊动，扰乱。

④时鸣：时而啼叫。

诗意

很少有人活动，只有桂花无声地飘落，夜里一片静谧，春日的山谷寂寂空空。明月升起，辉光惊动了山中的栖鸟，不时地在这春天的溪涧中高飞鸣叫。

huà
画

táng　wáng　wéi
（唐）王　维

yuǎn kàn shān yǒu sè
远看山有色①，
jìn tīng shuǐ wú shēng
近听水无声。
chūn qù huā hái zài
春去花还在，
rén lái niǎo bù jīng
人来鸟不惊②。

题解

苏东坡称王维的诗“诗中有画，画中有诗”。这首《画》描写细致，比喻新颖，将画作高超的笔法展示在读者面前。

注释

①色：颜色。
②惊：吃惊，害怕。

诗意

远看高山色彩明亮，走近一听水却没有声音。春天过去了，可是依旧有许多花朵争奇斗艳，人走近，鸟却依然没有被惊动。

wén　yàn
闻　雁

táng　wéi yìng wù
（唐）韦应物

gù yuán　miǎo　hé chù　guī sī fāng　yōu　zāi
故园①渺②何处，归思方③悠④哉。
huái nán　qiū yǔ yè　gāo zhāi　wén yàn　lái
淮南⑤秋雨夜，高斋⑥闻雁⑦来。

题解

韦应物，中唐著名诗人。

这首诗写的是诗人在一个雨夜，听到大雁叫声后思念故乡的情景。

注释

①故园：家乡，即长安。

②渺：仔细地看。

③方：刚开始。

④悠：远。

⑤淮南：作者当时身在滁州（今安徽省内）。

⑥高斋：楼阁上的书房。

⑦闻雁：听到北来的雁叫声。

诗意

故园远隔云山究竟在何处？归思悠长上心头情满胸怀。在淮南秋雨绵绵的漫漫长夜，独坐高斋听雁声阵阵传来。

蜂
fēng

（唐）罗隐
táng luó yǐn

bù lùn píng dì yǔ shān jiān wú xiàn fēng guāng jìn bèi zhàn
不论平地与山尖[1]，无限风光尽[2]被占[3]。
cǎi dé bǎi huā chéng mì hòu wèi shuí xīn kǔ wèi shuí tián
采得百花成蜜后，为谁辛苦为谁甜[4]。

题解

罗隐，字昭谏，晚唐诗人。

《蜂》通过吟咏蜜蜂采花酿蜜供人享用这一现象，思考人生哲理与社会问题。

注释

①山尖：山峰。

②尽：都。

③占：占有。

④甜：醇香的蜂蜜。

诗意

无论是在平地，还是在那高山，哪里鲜花盛开，哪里就有蜜蜂奔忙。蜜蜂啊，你采尽百花酿成了花蜜，到底为谁而辛苦，又想让谁品尝蜂蜜的香甜?

huà jī
画　鸡

míng táng yín
（明）唐　寅

tóu shàng hóng guān bù yòng cái
头上红冠不用裁①，
mǎn shēn xuě bái zǒu jiāng lái
满身雪白走将②来。
píng shēng bù gǎn qīng yán yǔ
平生③不敢轻④言语⑤，
yī jiào qiān mén wàn hù kāi
一⑥叫千门万户⑦开。

题解

唐寅，字伯虎，号六如居士、桃花庵主，明代著名文学家。

《画鸡》是一首题画诗，描绘了雄鸡威武高洁的形象，赞颂了它轻易不鸣、一鸣则动人的品格，也寄托了诗人对理想人格的追求。

注释

①裁：裁剪，制作。

②将：助词，无意义。

③平生：平时。

④轻：轻易。

⑤言语：本来指鸡的啼鸣，比喻人发表意见。

⑥一：一旦。

⑦千门万户：家家户户。

诗意

不用特别剪裁，雄鸡的头上就戴着一顶红色的帽子，它身披雪白的羽毛雄赳赳地走来。雄鸡平时不会轻易鸣叫，而一旦鸣叫，便意味着黎明到来，千家万户都迎来新的一天。

tí huà
题画

míng shěn zhōu
（明）沈周

bì shuǐ dān shān yìng zhàng lí xī yáng yóu zài xiǎo qiáo xī
碧水丹山映杖藜①，夕阳犹在小桥西。

wēi yín bù dào jīng xī niǎo fēi rù luàn yún shēn chù tí
微吟不道惊溪鸟，飞入乱云深处啼。

题解

沈周，字启南，号石田、白石翁、玉田生，吴门画派的创始人，与文徵明、唐寅、仇英并称“明四家”。

这是一首题画诗。诗中的前两句写静景，描绘了溪水、小桥、山峰、夕阳，还有拄杖的老翁。诗的后两句写动景，写老翁的低吟惊飞了溪鸟。全诗动静结合，生动有趣。

注释

①杖藜：拐杖。

诗意

拄着拐杖悠闲漫步在青山绿水之间，还未落山的太阳斜斜地挂在小桥的西边。轻声低语却不小心惊飞了溪鸟，它们啼叫着飞入白云深处。

三　神话故事

精卫填海

相传，精卫本是炎帝神农氏的小女儿，名叫女娃。有一天，女娃到东海里游泳。那天风浪很大，女娃被巨大的浪卷走了，最后溺水而亡。死后的女娃决心要向夺取自己生命的大海复仇，于是化作一只花脑袋、白嘴壳、红色爪子的神鸟，每天从山上衔来石头和草木，投入东海，想把整个东海填平。飞在空中的神鸟发出“精卫、精卫”的悲鸣。于是人们把它称为“精卫”。

第二节　走兽

一　看图识字

今天很多与动物有关的字，都是从象形字演变来的。比如“马”，就是它侧面的样子：

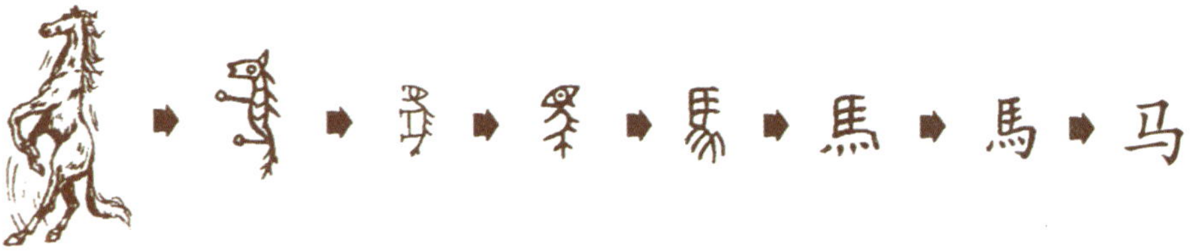

“牛”其实是一幅关于牛头的画：

和“牛”一样，“羊”这个字是从羊头来的：

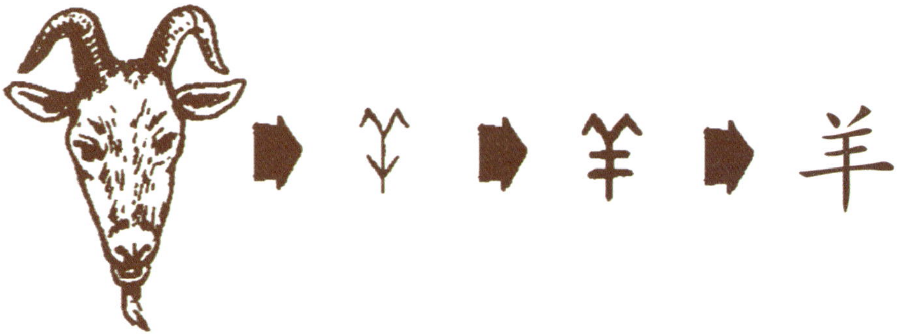

“鸟”是它在树上啄害虫的样子：

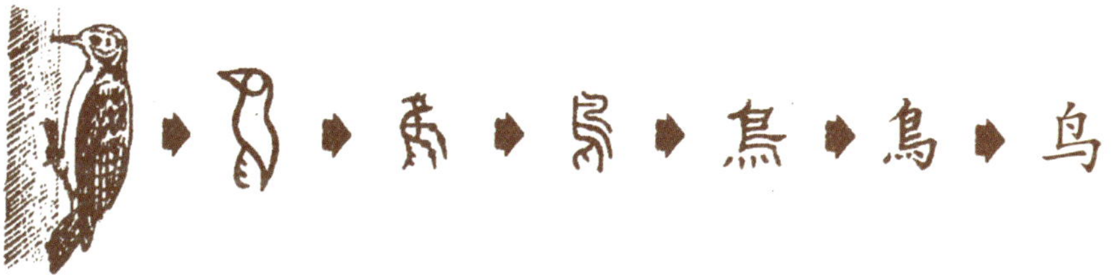

“鱼”也是一幅画：

二　古典诗词

qióng qióng bái tù
茕茕白兔

hàn wú míng shì
（汉）无名氏

qióng qióng bái tù
茕茕[1]白兔，
dōng zǒu xī gù
东走西顾。
yī bù rú xīn
衣不如新，
rén bù rú gù
人不如故。

题解

这是一首汉代的古诗。作者已不可知。诗歌批判了背叛爱情的行为。

注释

①茕茕：孤独的样子。

诗意

被你抛弃而被迫出走，犹如那孤苦的白兔，往东去却又往西顾。旧的衣服不如新的好，人还是旧人更胜新人。

mǎ shī qí wǔ

马诗·其五

táng lǐ hè

（唐）李 贺

dà mò shā rú xuě yān shān yuè sì gōu
大漠沙如雪，燕山①月似钩②。
hé dāng jīn luò nǎo kuài zǒu tà qīng qiū
何当金络脑③，快走踏清秋。

题解

李贺，字长吉，中唐著名诗人，有“诗鬼”之称。

李贺的《马诗》共有 23 首，这首诗是其中的第五首。这首诗借咏马抒发自己怀才不遇的愤慨和建功立业的抱负。

注释

①燕山：山的名称，在今河北省的北部。

②钩：弯刀。

③金络脑：用黄金装饰的马笼头。

诗 意

平沙万里，在月光下像铺上了一层皑皑的白雪。连绵的燕山山岭上，一弯明月当空，如弯钩一般。什么时候我才能给这匹骏马佩戴上黄金打造的笼头，让我在秋天的战场上驰骋，立下功劳呢？

jiāng xuě

江 雪

táng liǔ zōng yuán

（唐）柳宗元

qiān shān niǎo fēi jué wàn jìng rén zōng miè

千山鸟飞绝①，万径②人踪③灭。

gū zhōu suō lì wēng dú diào hán jiāng xuě

孤④舟蓑⑤笠⑥翁，独⑦钓寒江雪。

题解

柳宗元，字子厚，世称“柳河东”“河东先生”，中唐著名诗人，与韩愈、欧阳修、苏洵、苏轼、苏辙、王安石、曾巩并称“唐宋八大家”，他的古文成为后世的典范。

这首《江雪》用极其简单的语言，描写了一幅动人的雪景。尤其是诗的后两句，常常成为画家的创作素材。

注释

①绝：没有。

②径：小路。

③人踪：人的脚印。

④孤：孤零零。

⑤蓑：古代用来防雨的衣服。

⑥笠：古代用来防雨的帽子。

⑦独：独自。

诗意

所有的山中，飞鸟全都绝迹；所有的路上，不见人影踪迹。

江上孤舟里，渔翁披蓑戴笠；独自在垂钓，不怕冰雪侵袭。

jiāng shàng yú zhě

江上渔者

sòng　fàn zhòng yān

（宋）范仲淹

jiāng shàng wǎng lái rén，dàn ài lú yú měi

江上往来人，但①爱鲈鱼美。

jūn kàn yī yè zhōu，chū mò fēng bō lǐ

君②看一叶舟③，出没④风波里。

题解

范仲淹，字希文，北宋著名文学家、政治家、教育家。

这首语言朴实、形象生动、对比强烈、耐人寻味的小诗，反映了渔民劳作的艰辛，唤起人们对民生疾苦的关注。

注释

①但：只。

②君：你。

③一叶舟：漂浮在水上的一片树叶似的小船。

④出没：若隐若现。

诗意

在这条江上来来往往的人们，只喜爱鲈鱼的味道鲜美。请你看看那些可怜的捕鱼人吧，他们正驾着小船在大风大浪里上下颠簸，飘摇不定。

bìng niú
病　牛

sòng　lǐ gāng
（宋）李纲

gēng lí qiān mǔ shí qiān xiāng
耕犁千亩实①千箱②，
lì jìn jīn pí shuí fù shāng
力尽筋疲谁复③伤④？
dàn dé zhòng shēng jiē dé bǎo
但得⑤众生⑥皆得饱，
bù cí léi bìng wò cán yáng
不辞⑦羸病⑧卧残阳⑨。

题解

李纲，字伯纪，号梁溪先生，两宋之际爱国诗人。

牛日复一日在田地里辛劳，却没有任何怨言。只要能让百姓吃饱饭，它甘愿奉献自己的全部。这首诗将牛人格化，揭示牛为百姓甘于自我牺牲的可贵品格。

注释

①实：装满。

②箱：装粮的容器。

③复：又，再。

④伤：同情。

⑤但得：只要能让。

⑥众生：大众百姓。

⑦不辞：不推辞。

⑧羸病：瘦弱有病。

⑨残阳：夕阳，比喻晚年。

诗意

病牛耕耘千亩，换来了粮食装满千座粮仓，但它自身却极为疲惫，力气全部耗尽。然而，又有谁来怜惜它力耕负重的劳苦呢？但为了百姓都能够吃饱饭，即使累垮了身体病倒在残阳之下，它也在所不辞。

所见 (suǒ jiàn)

（清）袁枚 (qīng yuán méi)

mù tóng qí huáng niú， gē shēng zhèn lín yuè
牧童①骑黄牛，歌声振②林樾③。

yì yù bǔ míng chán， hū rán bì kǒu lì
意欲④捕⑤鸣⑥蝉，忽然闭口立⑦。

题解

这首诗用极为简洁的语言描写了一个生动活泼的生活画面，寄托了诗人对生活的观察与体悟。

注释

①牧童：放牛的孩子。

②振：回荡。

③林樾：指道旁成荫的树。

④欲：想要。

⑤捕：捉。

⑥鸣：叫。

⑦立：站立。

诗意

一个牧童骑在黄牛背上，嘹亮的歌声在林中回荡。忽然想要捕捉树上鸣叫的知了，就马上停止唱歌，一声不响地站立在树旁。

三　民俗常识

你的属相是什么？你知道什么是十二生肖吗？

古人把十二年看作一轮，每一个生肖代表其中的一年。十二生肖的顺序是：鼠、牛、虎、兔、龙、蛇、马、羊、猴、鸡、狗、猪。这十二生肖分别对应子、丑、寅、卯、辰、巳、午、未、申、酉、戌、亥。

小明属兔，今年八岁。他的姐姐小红比他大三岁，你知道他姐姐的属相是什么吗？小明的妈妈比他大22岁，她又是属什么的呢？

答案：姐姐属鼠，妈妈属蛇。

后　记

《中华优秀传统文化读本》书稿终于付梓了。

自2015年从教以来，我主要承担人文素质类通识课程的教学工作。如何讲好中国故事，如何从浩如烟海的文献记载中寻找到合适的传统文化教育资源，如何将中华优秀传统文化通过深入浅出的方式介绍给在校学生，是我一直关注和思考的问题。在一系列的教学实践中，我发现学生们对于汉字、传统诗词与历史小故事等有着浓厚的兴趣，便萌生了以此编写一部传统文化读本的想法。2017年，应福建人民出版社的邀请，我参与编写了这套读本，尝试着向中小学生介绍中国的优秀传统文化。

编写过程主要由我执笔，郭丹教授给予了热情、细心指导，出版社编辑提出了许多具体的建议，为本书的顺利出版做了大量认真而细致的工作，在此一并感谢。

近年来，福建工程学院高度重视传统文化教育，注重从地方文献、校史资源中寻找可资利用的教育资源，开设了多门传统文化课程，在省内外影响广泛。这套书是福建工程学院地方文献整理研究中心系列成果之一。

由于经验与水平有限，疏漏在所难免，敬请广大读者批评指正。

杨亿力

2018年冬